Jogos para a Educação Infantil

Dados Internacionais de Catalogação na Publicação (CIP)
(Câmara Brasileira do Livro, SP, Brasil)

Kloppe, Sofía
Jogos para a educação infantil / Sofía Kloppe, Jorge Batllori Aguilà ; tradução de Francisco Morás. – Petrópolis, RJ : Vozes, 2018.

Título original: Juegos para la educación infantil preescolar

3ª reimpressão, 2020.

ISBN 978-85-326-5648-3

1. Brincadeiras na educação 2. Educação infantil 3. Jogos educativos – Atividades 4. Pedagogia I. Batllori Aguilà, Jorge. II. Título.

17-09450 CDD-372.21

Índices para catálogo sistemático:

1. Jogos educativos : Educação infantil 372.21

Jogos para a Educação Infantil

Sofía Kloppe
Jorge Batllori Aguilà

Tradução de Francisco Morás

EDITORA VOZES
Petrópolis

Publicado por Parramón Paidotribo, S.L., Badalona, Espanha

Título do original em espanhol: *Juegos para la educación infantil Preescolar*, by Sofía Kloppe e Jorge Batllori / Horacio Elena

Direitos de publicação em língua portuguesa – Brasil:
2018, Editora Vozes Ltda.
Rua Frei Luís, 100
25689-900 Petrópolis, RJ
www.vozes.com.br
Brasil

Editoração: Leonardo A.R.T. dos Santos
Diagramação: Sheilandre Desenv. Gráfico
Revisão gráfica: Nilton Braz da Rocha / Nivaldo S. Menezes
Capa: Felipe Souza | Aspectos

ISBN 978-85-326-5648-3 (Brasil)
ISBN 978-84-342-3839-8 (Espanha)

Editado conforme o novo acordo ortográfico.

Este livro foi composto e impresso pela Editora Vozes Ltda.

Sumário

O corpo humano

Propriedades dos objetos

Cores, números e formas

Ciências naturais

4 ANOS

Ciências naturais

Expressão artística

5 ANOS

Hábitos

Noções espaciais e psicomotricidade

Introdução

Jogos para a Educação Infantil é um livro integrado por uma seleção de 174 jogos que abarcam os três segmentos de idade correspondentes à Educação Infantil:

- de 3 a 4 anos;
- de 4 a 5 anos;
- de 5 a 6 anos.

Falar de Educação Infantil é falar de jogo que é vital para todas as crianças, e revelador, para todos os profissionais da educação, da personalidade dos integrantes de uma turma na escola. Brincar, na atualidade, é uma necessidade cada vez maior entre as crianças das idades acima citadas.

Esta obra propõe atividades lúdicas, vitais, prazerosas, livres e espontâneas, que se constituem, para todos os educadores, em uma metodologia eficaz para alcançar os objetivos programados.

As brincadeiras ou jogos deste livro são apresentados em formato de formulário de uma página, distribuídos em três grandes partes, e em cada uma delas se encontram agregadas as seis partes que caracterizam a educação infantil: **hábitos, noções espaciais e psicomotricidade, corpo humano, propriedades dos objetos, ciências naturais e expressão artística**.

Todas as brincadeiras deste livro pretendem realizar, no mínimo, dois objetivos: por um lado, demonstrar que com elas as crianças aprendem de maneira natural os conteúdos acadêmicos, e, por outro, despertar em todos os educadores o interesse na invenção de brincadeiras para ensinar e educar, dentro de um ambiente espontâneo e livre.

Com esta obra, as crianças de 3, 4 e 5 anos de idade podem desfrutar e identificar-se consigo mesmas, além de conhecer e expressar seu mundo através do jogo.

Sofía Kloppe
Jorge Batllori

3
ANOS

Introdução

As crianças de 3 a 4 anos de idade protagonizam um grande salto de amadurecimento. Até agora seus jogos se baseavam na repetição dos movimentos dos adultos e na realização de movimentos novos. Aos poucos, elas vão deixando para trás a fase sensório-motora e manipuladora dos objetos, que lhes permitia descobrir o entorno mais próximo.

Agora elas têm a oportunidade de conhecer seu corpo, seu ambiente, e de expressar-se brincando, com um pensamento mais maduro, conceitual e figurativo. O jogo lhes proporcionará maior prazer, bem como a possibilidade de assimilar a realidade na qual vivem, acomodando-a ao seu eu.

Jogos para:

1) Aprender **hábitos** e rotinas cotidianas (lavar-se, comer, dormir, vestir-se, conhecer a casa, a escola etc.)

2) Desenvolver a **psicomotricidade** e a aprendizagem de noções **espaciais** (distâncias, lateralidade etc.)

3) Aprender as principais partes do corpo humano, os cinco sentidos, o conhecimento e o controle de emoções e estados de ânimo.

4) Trabalhar as **formas** e os **tamanhos**, os números e os primeiros conceitos matemáticos, e as **cores**.

5) Aprender as **propriedades dos objetos** e trabalhar ao mesmo tempo os conceitos opostos (flutua/não flutua, voa/não voa etc.)

6) Observar o ambiente e iniciar-se no conhecimento de animais, plantas e paisagens, isto é, a **natureza**.

7) Desenvolver as aptidões musicais, plásticas e interpretativas, iniciando suas **capacidades artísticas**.

1 As tarefas

HÁBITOS

Objetivo: Aceitar o cumprimento de rotinas e resolução de tarefas.

Material: Distintivo para cada grupo (medalhas fabricadas pelo educador com desenhos que representem a tarefa que devem realizar).

Trabalha-se: Habilidades motrizes básicas e trabalho em grupo.

Descrição

A vida na sala de aula deve reger-se por algumas normas e, nessa idade, já podemos responsabilizar os pequenos grupos de crianças pelo cumprimento de determinadas tarefas simples.

Também é importante que elas pouco a pouco se preparem para realizar tarefas coletivamente, que aprendam a organizar-se conjuntamente e exercer distintas funções dentro do grupo (dirigi-lo, acatar as ordens do chefe do grupo, chegar a um consenso de como organizar-se etc.).

Desenvolvimento do jogo

Cinco grupos compostos de quatro a cinco crianças devem, ao terminar a aula, e ao longo de toda a semana, recolher e organizar o material utilizado:

- O grupo A coloca as cadeiras e as mesas em ordem.
- O grupo B recolhe os livros.
- O grupo C guarda os brinquedos.
- O grupo D apaga a lousa e deixa limpa a sala de aula.
- O grupo E mantém a ordem entre as crianças.

Outras aplicações

Podemos dividir os trabalhos às sextas-feiras, antes de irmos para casa, para que as crianças mantenham a expectativa e a motivação da tarefa que lhes caberá desempenhar ao longo da semana seguinte.

2 A alimentação

HÁBITOS

Objetivo: Conhecer a necessidade de alimentar-se e os produtos básicos.

Material: Alimentos de brinquedo ou desenhos de diferentes alimentos cotidianos.

Trabalha-se: Familiarização com alimentos para uma dieta variada, completa e saudável.

Descrição

As crianças, nessa idade, já devem ir se acostumando a comer um pouco de tudo para obterem um crescimento sadio e completo.

Brincar com desenhos ou figurinhas de alimentos pode ajudar-nos a influenciar esse aspecto, bem como ajudá-las a deixar de lado hábitos alimentares inadequados ou certas fobias a determinados alimentos.

Desenvolvimento do jogo

Sentamo-nos todos em círculo e, antes de começar, colocamos no centro diferentes comidinhas de brincadeira. Perguntamos às crianças o que elas comeram no café, o que elas gostam de comer, quais sãos seus pratos favoritos, e se é bom comer muitas guloseimas.

Já introduzidas no tema, orientamos de um modo muito simples sobre a importância de uma alimentação equilibrada e sadia, sobre a distribuição das refeições ao longo do dia e sobre os tipos de alimentos mais comuns.

Começamos então a brincar: Cada criança escolhe uma comidinha de brincadeira para preparar com seus companheiros: um nutritivo café da manhã, um lanche para repor as forças, um apetitoso almoço ou um suculento jantar.

Devemos deixar que as crianças se organizem livremente pela sala de aula, que decidam onde vão cozinhar, o que vão preparar, com quem e por quê.

Outras aplicações

Podemos organizar pequenos grupos e pedir-lhes que preparem, por exemplo, um lanche, para, em seguida, eleger o mais gostoso ou o mais adequado. Também podemos dar noções de como comportar-se à mesa.

3 Gosto de estar asseado

HÁBITOS

Objetivo: Conhecer os cuidados de si mesmo.

Material: bonequinhos, banheirinhas, sabonete, gel, xampu, desodorante, talco, creme, fraldas, pente, escova de dentes, roupinhas, mantinhas, fita e outros objetos de asseio corporal.

Trabalha-se: Posturas do corpo e exercitação de hábitos de higiene.

Descrição

Outro hábito que as crianças devem interiorizar é o asseio. Manter o cuidado de si mesmo e reconhecer a importância de estar limpo é fundamental nessa idade.

Cuidar dos bonequinhos e asseá-los serve para que os pequenos aprendam os hábitos de higiene básicos:

- lavar as mãos;
- lavar o rosto;
- tomar banho;
- enxugar-se;
- pentear-se;
- perfumar-se;
- vestir-se etc.

Desenvolvimento do jogo

Sentados em círculo, dedicamos um tempinho para falar sobre o asseio pessoal: como devemos fazê-lo, quais produtos usar, a razão pela qual o fazemos etc.

Em seguida cada criança deve escolher um bonequinho para começar a brincadeira.

Todas as crianças se movem livremente pela sala de aula com o bonequinho nas mãos até encontrar os utensílios adequados que previamente espalhamos pela sala para lavar-lhe as mãos, o rosto, dar-lhe banho, secá-lo, penteá-lo, perfumá-lo, mudar as fraldas, vesti-lo etc.

Outras aplicações

Este jogo pode ser também uma boa oportunidade para começar a introduzir os nomes das partes do corpo mais importantes (cabeça, tronco, braços, pernas etc.).

4 Os exploradores da sala de aula

HÁBITOS

Objetivo: Descobrir o espaço e os objetos da sala através da exploração motriz.

Material: A sala de aula e todos os móveis e objetos que existem nela.

Trabalha-se: Exploração, descobrimento e conhecimento do ambiente cotidiano.

Descrição

Uma das primeiras tarefas dos primeiros dias do curso é a adaptação da criança ao novo ambiente e o descobrimento de todos e de cada um dos cantos da sala.

Este conhecimento do meio dará maior segurança à criança e a fará sentir-se à vontade na realização das atividades e dos jogos propostos.

Desenvolvimento do jogo

Para iniciar esta brincadeira, explicaremos às crianças que nos converteremos em exploradores e devemos nos fixar muito bem em todas as coisas que nos rodeiam para ver quão lindas elas são, e o quanto somos felizes pelo fato de pertencer a esta turma.

Iniciamos nossa exploração caminhando livremente pela sala, fixando-nos em tudo o que estiver ao nosso redor.

Em uma primeira fase, devemos nos fixar nos móveis maiores, como as mesas, os armários, as estantes, as cadeiras, a lousa etc.

Em seguida, podemos deter nosso olhar com mais atenção nos objetos pequenos, como os brinquedos, os lápis, os livros, o giz, e tantos outros.

Por último, afinando mais ainda nossa exploração, olhamos de perto as estampas ou quadros, o interruptor da luz, a maçaneta da porta, o chão, a cor das paredes e do teto, as lâmpadas, e todos os cantos da sala.

Outras aplicações

Podemos aproveitar a ocasião para que as crianças conheçam os nomes dos objetos da sala, bem como sua utilidade etc.

5 O descuido

HÁBITOS

Objetivo: Progredir no domínio da autonomia pessoal. Vestir-se e despir-se sozinhos.

Material: Roupa infantil ou fantasias.

Trabalha-se: Motricidade fina e coordenação de movimentos.

Descrição

A criança, pouco a pouco, deve ir aprendendo a vestir-se e a despir-se sozinha, a amarrar os cadarços dos sapatos etc. Isso não evita que continuemos ajudando-a a fazê-lo enquanto for necessário, mas é chegado o momento de ela aprender sozinha essa ação cotidiana.

Desenvolvimento do jogo

Fazemos as crianças acreditarem que andamos muito distraídos, confundindo-nos com os nomes, nomeando objetos erroneamente, equivocando-nos ao andar etc. Dessa maneira, as crianças percebem que algo estranho está acontecendo.

Pedimos então às crianças que se sentem conosco e, dentre todas, escolhemos uma e a vestimos com a roupa fora do lugar: vestimos-lhe uma meia na mão, a calça do avesso, um sapato e um tênis, uma luva no pé...

A reação das crianças não tardará...

Todas provavelmente devem começar a rir de nossas trapalhadas, recriminando-nos pelos enganos cometidos. Sem perturbar-nos, reconhecemos que hoje andamos descuidados demais e pedimos, por favor, que nos ajudem a vestir direitinho o próximo companheiro.

Assim, escolhemos outra criança, repetindo a mesma ação, com seus erros e acertos. Devemos fazer com que todas participem do jogo.

Outras aplicações

Aproveitaremos essa excelente ocasião para recordar como se chamam as diferentes peças de roupa, as partes do corpo etc.

6 Hora de dormir

HÁBITOS

Objetivo: Conhecer o hábito saudável de descansar e dormir cedo.

Material: Colchonetes ou cobertores e aparelho de som.

Trabalha-se: Desenvolvimento de hábitos saudáveis, estimulação sensorial e relaxamento muscular.

Descrição

Outro hábito que a criança aos poucos deve adquirir é o de descansar em determinadas horas e de acostumar o corpo a um determinado ritmo diário, alternando entre brincadeiras, aulas, alimentação e descanso.

Para que as crianças vejam o que é o descansar, primeiro as cansamos, dançando alguma música de ritmo rápido.

Ainda que as crianças queiram continuar brincando, elas devem entender que para tudo há um tempo, e que também é necessário descansar.

Desenvolvimento do jogo

Preparamos a música e as convidamos a dançar. O baile deve demorar apenas alguns minutos e os movimentos devem ser amplos e rápidos: levantar os braços, pernas, agachar-se, sentar-se no chão, levantar-se, saltar etc.

Pouco a pouco, diminuímos o volume da música e simulamos cansaço, anunciando em seguida que chegou o momento de descansar.

Pedimos então às crianças que respirem profundamente, que se sentem no chão, que relaxem e continuem respirando profundamente.

Em seguida as crianças se deitam nos colchonetes e fecham os olhos. Podemos fechar as cortinas ou apagar as luzes para que elas associem o momento de dormir à escuridão. Elas devem estar deitadas em um curto espaço de tempo.

Outras aplicações

Para que as crianças realizem uma exploração sensorial, podemos pedir-lhes, quando já estiverem deitadas nos colchonetes, que pensem que as pernas e os braços lhes pesam muito, e tocar então uma música com sons da natureza.

7 Somos padeiros

HÁBITOS

Objetivo: Elaborar um produto de maneira artesanal.

Material: Farinha, água, sal, fermento, panos e pratos.

Trabalha-se: Habilidade de manipulação de objetos e materiais variados, assim como aprender a seguir algumas instruções ou alguma metodologia para realizar algo.

Descrição

A criança já brincou com as comidinhas e sabe que é bom e necessário comer um pouco de tudo. Agora podemos ensiná-la a fazer pão.

É uma ótima ocasião para que ela vá aprendendo a manipular materiais de texturas diversas, assim como utilizar objetos de uso comum.

Desenvolvimento do jogo

As crianças se colocam em suas carteiras para fazer a massa do pão, enquanto nos colocamos em um lugar bem visível para que nos imitem na fabricação da massa.

Para fazer o pão as crianças necessitam dos produtos que já estão colocados sobre suas carteiras ou mesinhas: farina, água, um saleiro e um pouco de fermento.

Com as mãos limpas, imitando o que fazemos, elas colocam em seus pratos farinha, acrescentam-lhe água, sal e fermento. E a amassam até obter uma massa homogênea, que em seguida será envolvida em um pano para repousar. Nesse momento explicamos que a massa deve fermentar para que o pão fique bem gostoso. Passado o tempo suficiente, cada criança leva para casa seu pãozinho cru para que seus pais o coloquem no forno e juntos possam desfrutar de seu sabor.

Outras aplicações

Aproveitar este jogo para insistir na importância dos hábitos de higiene, tão importantes na preparação e manipulação dos alimentos. Comer o pão em casa com os pais é outra maneira de implicar os pais na educação da criança.

8 A feira

HÁBITOS

Objetivo: Identificar alguns produtos das feiras.

Material: Brinquedos, propagandas ou desenhos de produtos que se vendem em uma mercearia, em uma quitanda ou em uma feira; cartolinas coloridas para os cartazes e para a confecção de moedas; bolsas de plástico e três caixas.

Trabalha-se: Individualização e classificação de objetos, um melhor conhecimento do lugar onde vivemos.

Descrição

As crianças muitas vezes costumam acompanhar os pais nas compras.

A criança, que é muito curiosa, deve aprender a fixar-se nas coisas que a rodeiam. Isso também a ajudará a desenvolver sua memória e o sentido da visão etc.

Desenvolvimento do jogo

Colocamos três mesas separadas com um cartaz contendo o nome dos produtos específicos de cada "barraca". Em cada uma se vendem produtos específicos, que podem ser reais, de plástico ou desenhos. Além disso, coloca-se uma caixa para guardar as moedas feitas de cartolina.

Três crianças exercem o papel de vendedores, uma em cada barraca, e o resto dos alunos são compradores, levando seu dinheiro e uma bolsa de plástico para guardar as compras. Os vendedores cuidam de sua barraca; os compradores, em fila, esperam sua vez, escolhem os produtos e os pagam. No final avalia-se a experiência.

Outras aplicações

É possível que nem todas as crianças conheçam todos os produtos das "barracas". Assim, aconselha-se a dizer os nomes de todos os produtos disponíveis. No final, é conveniente convidar todas as crianças a recolher os produtos e guardá-los para outra eventual utilização ou atividade.

9 Feliz aniversário

HÁBITOS

Objetivo: Potenciar a integração do grupo e valores como a beleza, a alegria e o amor.

Material: Brinquedos ou presentes baratos, um para cada criança, papel para embrulhar presentes e música (escolhida pelo educador).

Trabalha-se: Interação, integração grupal, socialização e manifestação de emoções.

Descrição

Um dia muito especial para as crianças é o de seu aniversário. Na escola podemos celebrar o de cada criança ou, para evitar o desconforto daquelas que fazem aniversário nas férias, fazer uma pequena festa celebrando todos juntos os aniversários. Ao realizar uma só festa, também evitamos – em parte – invejas e comparações de presentes etc.

Desenvolvimento do jogo

Cada criança escolhe um brinquedo ou presente que foram deixados espalhados pela sala e o embrulha com cuidado para levá-lo à festa de aniversário.

Em um lado da sala esperamos as crianças dando-lhes as boas-vindas, convidando-as e pedindo-lhes que coloquem seus presentes em um canto.

Felizes, elas brincam e dançam. Em seguida, elas descansam sentadas no chão, enquanto dividimos todos os presentes de maneira aleatória. Elas os abrem com grande expectativa, parabenizam todos os companheiros, retornando em seguida para casa, agradecidas pelos belos momentos passados juntos.

Outras aplicações

Podemos decorar a sala um dia antes, com a ajuda das crianças, com bandeirolas, papéis coloridos, desenhos etc.

Este jogo é muito interessante, pois, através dele, podemos perceber como os alunos se comportam em grupo e quais são suas preferências ou suas inquietações.

10 Qual combinação de roupas

HÁBITOS

Objetivo: Saber escolher, para cada situação climática, a roupa adequada.

Material: Roupas e assessórios para diferentes situações climáticas.

Trabalha-se: Conhecimento do meio em que se vive, capacidade de observação e capacidade de estabelecer relações entre causa-efeito.

Descrição

Já trabalhamos antes com roupas para saber seu nome, como vesti-las etc. Agora vamos aprofundar mais o tema para conhecer melhor as vestes e seu uso, e perceber que é o tempo que nos condiciona a nos vestirmos desta ou daquela maneira.

Desenvolvimento do jogo

Para realizar este jogo devemos mostrar-nos muito confusos ao vestir-nos. Em um primeiro momento, já que faz muito calor em casa, decidimos fazer um passeio. Aproximamo-nos então de um baú e nos vestimos com uma camiseta de manga curta, luvas, gorro e sandálias. As crianças certamente vão rir dessa combinação estranha. Deixamos então que elas nos troquem a roupa equivocada e nos vistam com roupas apropriadas ao calor, e lhes explicamos que esse é mais intenso no verão.

Ou podemos simular o frio, explicando-lhes que esse é mais intenso no inverno. Assim sendo, vestimos-nos de gorro, luvas, cachecol, grossas meias etc. E podemos inclusive perguntar às crianças se, assim vestidos, podemos, no frio do inverno, sair tranquilamente às ruas...

Outras aplicações

É bom não esquecer que todas as crianças devem participar do jogo. Em geral, por iniciativa própria, elas mesmas nos dizem o que devemos vestir. Se as crianças forem menos participativas, para cada tipo de roupa seria interessante perguntar-lhes em qual estação do ano elas usariam tal roupa etc.

11 A varinha mágica

NOÇÕES ESPACIAIS E PSICOMOTRICIDADE

Objetivo: Saber deslocar-se no espaço.

Material: Uma varinha (mágica) e um novelo de lã.

Trabalha-se: Controle global e parcial do corpo, bem como a reprodução e a combinação de posturas.

Descrição

Neste jogo vamos recordar posturas, ações e movimentos já conhecidos, além de realizar caminhadas em diferentes direções e velocidades para melhorar a motricidade geral. Representar posturas diversas com um conteúdo simbólico, levando em consideração a orientação das partes de um todo corporal, incrementará o controle postural das crianças.

Desenvolvimento do jogo

Iniciamos uma caminhada dentro da sala de aula e, para o espanto de todos, nos deparamos com uma varinha mágica que converte em animais tudo o que ela toca. Todas as crianças fazem um círculo ao redor da varinha, aguardando a manifestação de seus poderes mágicos. De repente, ela começa a funcionar. E, tocando as crianças, as converte em gatinhos.

Encantadas com os novos animaizinhos, as crianças querem brincar com eles. Pedimos-lhes então que corram, que engatinhem para debaixo das mesas, que persigam um novelo e, em seguida, que se coloquem de cócoras, descansem e tentem dormir.

Outras aplicações

Podemos perguntar às crianças se elas conhecem os gatinhos, o que elas sabem sobre eles, se alguma delas tem algum, que imitem seus miados; ou podemos escolher outro animal conhecido, como o cachorro, para brincar, familiarizando-as assim com as mascotes.

12 O trem

NOÇÕES ESPACIAIS E PSICOMOTRICIDADE

Objetivo: Deslocar-se pelo espaço em fila e livremente.

Material: Um instrumento de percussão (pandeiro).

Trabalha-se: Capacidade de imitação e simulação; ter iniciativa nas atividades.

Descrição

Reproduzimos, mediante um jogo simbólico, cenas cotidianas reais ou fictícias, ao mesmo tempo em que estimulamos a iniciativa da criança para que ela conclua atividades que dependem de seu interesse, fazendo-a participar do jogo.

Desenvolvimento do jogo

Sugerimos uma excursão pela sala com um fantástico trem, que será formado por todas as crianças colocando as mãos nos ombros umas das outras. Antes de partir explicaremos às crianças que, ao ouvirem o instrumento de percussão, elas devem responder às ordens e cumpri-las.

Soa então o pandeiro, e a primeira ordem é colocar-se em movimento. O condutor deve escolher um itinerário livre de obstáculos. Se algum vagão se solta, o trem deve parar até que o vagão volte a engatar-se.

O trem continua, e soa o pandeiro uma segunda vez. Chega-se então a uma das estações e as crianças se soltam para dar um passeio livremente. Ao soar mais uma vez o pandeiro, o trem retoma seu trajeto. O percurso é cheio de paradas que permitem que as crianças se movam livremente pela sala.

Outras aplicações

Depois de cada parada podemos mudar o condutor do trem, de maneira que todas as crianças possam guiá-lo e para que elas possam fazer o trem passar por onde o desejarem, sendo elas mesmas as que conduzem a brincadeira.

13 Explodindo bolinhas de sabão

NOÇÕES ESPACIAIS E PSICOMOTRICIDADE

Objetivo: Desenvolver a coordenação óculo-manual.

Material: Instrumento para fazer bolhas de sabão e lápis ou palitos.

Trabalha-se: Controle global e postura do corpo, com especial ênfase na precisão do ajuste corporal.

Descrição

Esta brincadeira serve para desenvolver a grafomotricidade das crianças. Além disso, ao mesmo tempo em que se divertem, elas desenvolvem sua coordenação olho-mão para melhorar o controle e a precisão de técnicas manipulativas através de uma brincadeira de precisão motriz.

Desenvolvimento do jogo

Cada criança deve ter em suas mãos palitinhos ou lápis. Elas devem tentar explodir, com cuidado, as bolinhas de sabão que voam pelo ar.

Se alguma criança o desejar, ela mesma pode fazer as bolinhas de sabão, mas sob a supervisão do educador.

Outras aplicações

Também se pode brincar por equipes, para ver qual grupo consegue explodir mais bolinhas, fazendo com que as crianças se organizem e se distribuam o máximo possível por toda a sala de aula e consigam assim estourar o máximo de bolinhas.

14 Próximos, próximos! Distantes, distantes!

NOÇÕES ESPACIAIS E PSICOMOTRICIDADE

Objetivo: Situar-se no espaço com relação a um companheiro ou objeto nas posições “próximo” e “distante”.

Material: Um brinquedo ou um bonequinho qualquer.

Trabalha-se: Estruturação do espaço, em termos de orientação, localização e direção.

Descrição

Fazer com que a criança entenda e aplique os conceitos “próximo” e “distante” a respeito de seu próprio corpo e o de seus colegas, e dos objetos do entorno imediato.

Desenvolvimento do jogo

Antes de iniciar o jogo devemos descobrir as noções de “próximo” e “distante” brincando com as crianças. Para tanto, seguiremos os seguintes passos seguintes:

“Agora estou próximo de...”; “Agora estou distante de...”; “Estou perto de...?”; “Estou distante de...?”; “E agora, estou perto ou distante de...?”

Começamos brincando para saber se elas compreenderam a diferença entre os termos.

Assim, caminhamos atrás delas, paramos e lhes perguntamos se estamos próximos da menina que temos ao nosso lado. Continuamos andando e nos colocamos perto de outro menino, mas dessa vez perguntamos se estamos distantes dele.

Em seguida, escolhemos um menino e lhe vendamos os olhos. Depois escondemos um brinquedo ou um boneco em algum canto da sala. A criança escolhida deve procurar o boneco segundo as indicações de seus coleguinhas. Quando ela se distancia do lugar onde está escondido o brinquedo, gritamos: Distante! Distante! Ao se aproximar, gritamos: “Próximo! Próximo!”

Outras aplicações

Se decidirmos fazer uma disputa por equipes, contamos o tempo que cada grupo gasta para encontrar o brinquedo, vencendo aquele que empregar menos tempo.

15 O ônibus

NOÇÕES ESPACIAIS E PSICOMOTRICIDADE

Objetivo: Situar-se no espaço em relação a um companheiro ou objeto nas posições "diante de" e "atrás de".

Material: Carteiras da sala.

Trabalha-se: Organização e estruturação do espaço, tanto da orientação como da localização e direção; controle postural.

Descrição

Buscaremos fazer com que a criança entenda e aplique os conceitos de "diante de" e "atrás de" a respeito de seu próprio corpo e dos objetos de seu entorno imediato, aplicando essas noções de organização temporal.

Desenvolvimento do jogo

Para "viajar de ônibus" é necessário a colaboração de todas as crianças. Essas devem formar uma fila com as cadeiras da sala, colocando-as uma atrás da outra.

O educador representa o motorista, e seu primeiro trabalho é colocar os passageiros nos assentos do ônibus. Ele escolhe um e o assenta no centro da fila de cadeiras. A partir daqui, a ordem será a seguinte:

– Marta, senta-te à frente de Sérgio.

– Álvaro, senta-te à frente de Marta.

– Laura, senta-te atrás de Sérgio.

– Cristina, senta-te atrás de Laura.

Quando as crianças se sentarem, pode-se dizer: "Eu me sento diante de..."; ou "Eu me sento atrás de..." O ônibus parte então rumo ao destino que escolhermos, mas somente quando todos estiverem sentados nos bancos.

Outras aplicações

Também aproveitaremos este jogo para ensinar-lhes a sentar-se corretamente, mantendo a postura correta durante o jogo.

16 A lanterna

NOÇÕES ESPACIAIS E PSICOMOTRICIDADE

Objetivo: Trabalhar a direcionalidade do traço.

Material: Uma lanterna, ou várias.

Trabalha-se: Organização de habilidades motrizes básicas, coordenação dinâmica geral, assim como óculo-manual e esforço para vencer dificuldades superáveis.

Descrição

Este jogo faz parte dos exercícios de grafomotricidade, que, como veremos, não somente se praticam com um lápis e um papel. Experimentaremos possibilidades do espaço gráfico ensaiando formas, posições e orientações.

O seguimento de linhas melhorará a coordenação olho-mão e a brincadeira livre dará lugar a um enriquecimento à criatividade e à imaginação.

Finalmente, o fato de brincar parcialmente na escuridão levará as crianças que têm medo da escuridão a perderem aos poucos o medo.

Desenvolvimento do jogo

Após avisar que vamos apagar as luzes para brincar, deixamos a sala quase às escuras e, com uma lanterna, mostramos às crianças como é possível fazer rabiscos e desenhos nas paredes.

Em seguida, oferecemos a lanterna a cada uma das crianças para que, livremente, ela "pinte" as paredes com a luz da lanterna. As crianças que aguardam a sua vez podem brincar tentando "apanhar a luz" da lanterna projetada nas paredes.

Outras aplicações

Como a sala tem várias paredes, podemos brincar com várias lanternas, e inclusive de cores distintas, fazendo com que, por exemplo, as crianças apontem a lanterna para a fechadura da porta, ou busquem indicar os objetos dentro da sala, nomeando-os e indicando suas utilidades etc.

17 As fitas

NOÇÕES ESPACIAIS E PSICOMOTRICIDADE

Objetivo: Trabalhar a direcionalidade do traço.

Material: Fios ou fitas longas coloridas.

Trabalha-se: Controle global e postural do corpo, coordenação dinâmica geral, motricidade esmerada de braços e mãos, e capacidade de imitação e simulação.

Descrição

Esta brincadeira também é destinada a exercitar a grafomotricidade, nesse caso realizando movimentos mais ou menos amplos de braços ou dedos.

As crianças brincarão controlando a coordenação global e segmentária do próprio corpo, aplicando a simultaneidade de vários movimentos de braços e pernas com atividades motrizes conhecidas separadamente, mantendo nos deslocamentos diferentes velocidades e distintas orientações corporais.

A representação de uma brincadeira simbólica levará as crianças a planejar sua própria ação ao acompanhar o fio condutor da brincadeira.

Desenvolvimento do jogo

Atamos fitas coloridas nos punhos das crianças, de forma que elas se convertam em grandes borboletas. Então, nós as convidamos a se movimentarem livremente por toda a sala, agitando os braços. Quanto mais amplos forem os movimentos de seus braços, mais longe poderão voar as borboletas.

No momento em que dermos um sinal, as crianças deverão acompanhar e imitar os movimentos que lhes sugerirmos.

Outras aplicações

Outra variante da brincadeira é atar fitas nos dedos indicadores das crianças para simular o voo de algumas borboletas menores, trabalhando assim a mobilidade das mãos.

18 As linhas verticais

NOÇÕES ESPACIAIS E PSICOMOTRICIDADE

Objetivo: Controlar a direcionalidade do traço e reproduzir linhas retas.

Material: Pincel atômico, carrinhos, caminhões e motos de brinquedo.

Trabalha-se: Controle global do corpo, do equilíbrio dinâmico, coordenação óculo-manual e estruturação do espaço (orientação, localização e direção).

Descrição

As crianças trabalharão de forma divertida o equilíbrio dinâmico em situações e deslocamentos com materiais e percursos previamente combinados, adotando distintas posturas segundo as necessidades propostas.

Seguindo um percurso estabelecido, elas aprenderão a orientar-se com facilidade em espaços delimitados, experimentando noções espaciais em situações diferentes. Tudo isso para melhorar a coordenação mão-olho, e para acompanhar a rota traçada.

Desenvolvimento do jogo

Nesta brincadeira as crianças devem construir rodovias para seus carros, caminhões e motos. Com pincel, marcamos o chão, ou uma grande cartolina, rodovias, simbolizadas por linhas de um metro de comprimento e um pouco separadas entre si.

Em seguida, as crianças (tantas quantas forem as linhas pintadas) se colocam diante de cada rodovia. Quando dermos a largada, elas devem empurrar seus veículos pela linha, com o cuidado de não sair dela. Quem sair fora da linha deve começar de novo.

Pintadas as linhas, também podemos brincar seguindo as linhas de separação entre as lajotas ou tábuas do chão (caso existam).

Outras aplicações

Podemos fazer um jogo corporativo organizando uma corrida de carros por revezamento, fazendo com que cada trecho seja uma criança distinta a conduzir o carro, devendo voltar ao princípio do trecho caso se desvie do traçado. As crianças também podem brincar em grupos, mas sem competir entre si.

19 Apagar o castelo

NOÇÕES ESPACIAIS E PSICOMOTRICIDADE

Objetivo: Controlar a direcionalidade do traço.

Material: Lousa e giz.

Trabalha-se: Coordenação óculo-motriz, organização de habilidades motrizes básicas e estruturação espacial.

Descrição

Mais uma vez, a coordenação olho-mão intervém na brincadeira. Essa coordenação sempre se faz necessária naquelas ações que requerem certa precisão. Precisão que urge ir inculcando ao brincar ou ao utilizar objetos de uso cotidiano.

Ao apagar a lousa da esquerda para a direita e de cima para baixo, aplicamos a direcionalidade própria de nossa escrita.

Desenvolvimento do jogo

Pintamos na lousa um grande castelo com torres e uma grande porta, e contamos às crianças que perto desse castelo vive uma bruxa que quer adormecer todos os que vivem nele.

As crianças, que são mais espertas, querem pregar uma peça à bruxa: elas farão o castelo desaparecer, a fim de que a bruxa nunca o encontre. Assim, elas começam apagando o castelo com o dedo indicador, da esquerda para a direita, e de cima para baixo.

Outras aplicações

Aproveitaremos a brincadeira para lembrar às crianças o que é um castelo, perguntando-lhes se elas já ouviram falar de algum castelo famoso, como se chamam as suas partes, quais são suas funções, quem normalmente vive em castelos etc.

20 Coloco em cima, coloco embaixo

NOÇÕES ESPACIAIS E PSICOMOTRICIDADE

Objetivo: Reconhecer os conceitos espaciais de "em cima" e "embaixo".

Material: Uma mesa e uma caixa cheia de brinquedos da sala de aula.

Trabalha-se: Estruturação do espaço, tanto da orientação como da localização e da direção; controle global e parcial do corpo.

Descrição

Continuamos trabalhando a coordenação global e parcial das partes do corpo, como a estruturação do espaço, organizando as relações espaciais em relação aos objetos de nosso entorno imediato ou em relação ao próprio corpo, introduzindo de modo lúdico os conceitos de "em cima" e "embaixo".

Desenvolvimento do jogo

Colocamos uma mesa no centro da sala e junto a ela uma caixa com objetos cotidianos, como, por exemplo, os brinquedos da turma que estão em algum canto da sala. O jogo consiste em colocar esses objetos em cima ou embaixo da mesa e esperar a resposta correta da turma.

Devemos ajudar as crianças, uma de cada vez, a colocar-se junto ao objeto em cima ou embaixo da mesa.

Outras aplicações

Nomeamos cada objeto colocado em cima ou embaixo da mesa, fazendo referência à sua utilidade, a algum som característico etc., trabalhando assim o conhecimento dos mesmos.

21 Pintando silhuetas

O CORPO HUMANO

Objetivo: Reconhecer partes do próprio corpo ou as dos companheiros.

Material: Papel-contínuo ou de embrulho e lápis de cera grossos e coloridos.

Trabalha-se: Esquema corporal do próprio corpo e noção de identidade.

Descrição

Com este jogo conseguiremos enumerar as partes externas do corpo e algumas de suas funções principais, de modo que a criança adquira um conhecimento de si mesma e dos demais a partir de experiências sensoriais e expressivas.

Desenvolvimento do jogo

Colocamos vários metros de papel-contínuo (daqueles usados para embrulhar) sobre o chão e começamos o jogo pedindo um favor às crianças: gostaríamos muito de decorar a sala com suas fotos, mas, como precisamos de fotos em tamanho real, lhes explicamos como vamos fazer.

As crianças se deitam de costas sobre o papel e, com lápis de cera cuja cor é escolhida por uma criança, desenhamos sua silhueta. Enquanto fazemos o contorno da silhueta, nomeamos as partes que vamos riscando: "Estou pintando a cabeça, o braço esquerdo, o direito, a perna esquerda, a perna direita", até concluir a silhueta.

Desta maneira pintamos todas as crianças, sem nos esquecer de escrever o nome de cada criança dentro da silhueta.

Entretanto, faltam alguns complementos a estas silhuetas: a boca, o nariz, os olhos, os cabelos, que devem ser acrescentados.

Outras aplicações

Para tornar a brincadeira mais engraçada, podemos converter cada silhueta em um personagem diferente: em uma rainha com coroa, em um índio com plumas, em um pirata com um tapa-olho etc.

22 A degustação

Objetivo: Localizar o sentido do paladar e reconhecer os sabores doces e salgados.

Material: Açúcar, biscoitos ou alimentos doces; sal, biscoitos ou alimentos salgados.

Trabalha-se: Possibilidades do próprio corpo, tanto perceptivo-motoras como afetivas e cognitivas.

Descrição

Os alimentos podem ser úteis para descobrir como é e como funciona o nosso corpo, para identificar quais elementos corporais são usados para obter informações perceptivas e sensoriais, e para que os pequenos reconheçam que através das atividades sensoriais vamos incorporando novas noções e novas informações.

Desenvolvimento do jogo

Preparamos duas mesas nos extremos da sala: a dos doces e a dos salgados. Para diferenciá-las colocamos o saleiro em uma e o açucareiro na outra.

A turma é convidada a cear em um restaurante maravilhoso. Elegantemente, ela se dirige ao dito restaurante, cujo chefe preparou-lhe pratos salgados e doces.

Livremente a turma vai ocupando as mesas nas quais o chefe já serviu os pratos. Detalhe: ele se confundiu e misturou pratos doces e pratos salgados na mesma mesa.

As crianças devem ajudar então o chefe a colocar os pratos doces na mesa onde está o açucareiro e os salgados onde está o saleiro.

Ao terminar a brincadeira, deixamos as crianças manifestar seus gostos e preferências pelas comidas doces ou salgadas.

Outras aplicações

Ao provarmos a comida, lembramos seu nome, sua origem, e outros detalhes interessantes que nos ocorram, a fim de ampliar os conhecimentos das crianças. No final podemos solicitar a ajuda das crianças para recolocar a sala em ordem.

23 Os rostos do Cacique Papatu

O CORPO HUMANO

Objetivo: Identificar emoções e estados de ânimo.

Material: Maquiagem para crianças, colares coloridos, plumas, lenços ou fitas.

Trabalha-se: Possibilidades do próprio corpo: perceptivo-motoras e afetivas; simulação e imitação.

Descrição

A criança irá aprendendo a reconhecer as possibilidades e limites do próprio corpo em relação aos conhecimentos adquiridos, aprendendo a expressar emoções e estados de ânimo habituais, manifestando, através de dramatizações, a capacidade de reproduzir, mediante um jogo simbólico, cenas reais ou de ficção.

Desenvolvimento do jogo

Antes de começar nos maquiamos para converter-nos no Cacique Papatu. Explicamos às crianças que o cacique vive nas montanhas junto aos ursos e lobos. Sua tribo é muito divertida e todos fazem sempre o que o chefe manda.

As crianças se disfarçam de índios com o material previsto para tanto.

Todas as crianças formam uma fila, se convertem em caciques e imitam o chefe.

Assim, quando o cacique se irrita, todos se irritam. Quando Papatu ri, todos riem. Quando Papatu chora, todos choram. Quando o cacique está com calor, todos sentem calor. Quando está cansado, todos dormem. Quanto Papatu está contente, todos gritam de alegria. E assim sucessivamente.

Outras aplicações

Podemos deixar que as próprias crianças façam o papel de líder, e assim elas vão se revezando na função, estimulando suas iniciativas.

24 O país do frio e o país do calor

O CORPO HUMANO

Objetivo: Distinguir as sensações de frio e calor.

Material: Dois copos, alimentos quentes e frios.

Trabalha-se: Possibilidades perceptivas do próprio corpo, características dos elementos de seu ambiente mais próximo e valorização de si mesmo.

Descrição

Pela exploração sensorial faremos as crianças distinguirem os conceitos de frio e calor.

Desenvolvimento do jogo

Em um canto da sala, situamos o país do frio e colocamos uma mesa enfeitada com objetos azuis, um copo de água com gelo e muito fria, e pratos com alimentos que normalmente comemos frios; por exemplo, sorvete, presunto ou sucos etc.

Em outro canto, situamos o país do calor e colocamos outra mesa adornada com objetos vermelhos, um copo com água quente e pratos com alimentos quentes; por exemplo, leite com chocolate, sopa ou outros.

Uma vez que todas as crianças estiverem sentadas, contamos a seguinte história: "No país do frio, todos os habitantes passavam muito frio e não conheciam o calor, ao passo que no país do calor, todos os habitantes suavam muito e não conheciam o frio".

As crianças dessa turma vão ajudá-los a conhecer o frio e o calor. Dividiremos, pois, as crianças entre as duas mesas, e as informaremos sobre o país em que se encontram. Deixaremos em seguida que elas toquem sucessivamente o copo com a água fria ou quente a fim de sentir o frio ou o calor de seu país, que elas provem as comidas frias ou quentes, e que falem livremente sobre a cor dos alimentos ou dos objetos que estão sobre as mesas.

Outras aplicações

Procuraremos fazer com que as crianças toquem e provem os alimentos. Quanto mais exemplos de alimentos frios e quentes houver, tanto mais facilmente as crianças poderão compreender e diferenciar essas duas sensações.

25 A coruja, o peixinho e o camelo

O CORPO HUMANO

Objetivo: Reconhecer as partes principais do rosto.

Material: Caixa de maquiagem vermelha, amarela e azul e um espelho.

Descrição

Através de uma dramatização, a criança mostrará os conhecimentos das qualidades sensoriais que existem em seu ambiente, imitando com gestos seres vivos conhecidos, aprendendo a expressar-se mediante gestos e a controlar a respiração.

Desenvolvimento do jogo

Este jogo deve ser realizado diante de um espelho; porém, na ausência deste, as crianças podem fazer as caretas diante de seus companheiros.

Pintamos o rosto das crianças com distintas cores para diferenciar suas partes. Com uma linha amarela, contornamos os olhos; com um ponto grosso azul, pintamos o nariz; e, com uma linha vermelha, a boca.

Primeiro nos convertemos em corujas, bem paradinhos, com os olhos esbugalhados, que abrimos e fechamos várias vezes.

Depois nos tornamos peixes; deitados, abrimos as narinas com as mãos de maneira exagerada.

Por fim, transformados em camelos, passeamos nas dunas do deserto sem parar de mover a boca de um lado para o outro.

Outras aplicações

Podemos buscar fotos grandes dos animais a imitar e colá-las na parede da sala, ensinando às crianças como são esses animais para que elas os conheçam.

26 Texturas

Objetivo: Manipular e reconhecer diferentes texturas; reconhecimento tátil de mãos, pernas, rosto etc.

Material: Algodão, lixa, objetos de plástico, pedaços de diferentes tecidos, ramos...

Trabalha-se: Possibilidades perceptivo-motoras do próprio corpo, observação e exploração direta de qualidades perceptíveis com os sentidos.

Descrição

Pouco a pouco a criança vai conhecendo as possibilidades e limites de seu próprio corpo em relação aos conhecimentos adquiridos e vai identificando os elementos corporais que devem ser utilizados para obter informações perceptivas e sensoriais e identificando estas qualidades perceptivas de alguns dos elementos de seu ambiente, manipulando-os ou não.

Desenvolvimento do jogo

Na sala, colocamos duas mesas com tecidos de diferentes texturas: lisos, suaves, ásperos e rugosos.

Pedimos às crianças que se sentem em círculo e lhes perguntamos o que podemos fazer com as mãos, até que elas descubram que com as mãos elas podem tocar e, ao tocar, é possível descobrir a textura das coisas.

Em seguida, as crianças se sentam em dois grupos, metade da turma em cada mesa.

Vendamos então os olhos de uma criança de cada grupo, escolhidas ao acaso, e lhes pedimos que escolham um dos objetos que estão sobre a mesa e que o toque com as mãos. Depois dessa discriminação tátil, cada criança deve dizer se em suas mãos ela tem um objeto rugoso ou liso. As outras crianças esperam sua vez para adivinhar, com o tato, a textura dos objetos.

Outras aplicações

Aproveitaremos o jogo para que as crianças façam o mesmo, mas esfregando o objeto contra suas bochechas, suas pernas, seus braços etc., para sentir sua textura através do tato de outras partes do corpo.

27 O espelho

O CORPO HUMANO

Objetivo: Desenvolver a motricidade de pulsos, mãos e dedos.

Material: Canetas coloridas.

Trabalha-se: Orientação e organização do espaço e organização da lateralidade corporal.

Descrição

É importante que a criança identifique corretamente sua própria direita e esquerda, assim como as localizações espaciais, levando em conta uma ou mais referências. Para tanto, realizaremos um jogo de precisão motriz para que a criança experimente as noções de direita e esquerda em relação ao seu próprio corpo.

Desenvolvimento do jogo

O educador pinta dois rostos em suas mãos com canetas coloridas e inventa uma historinha curta e divertida para as crianças. Ao finalizar, ele pergunta às crianças se elas gostariam de contar outra historinha com suas próprias mãos.

Com as canetas coloridas o educador pinta então dois rostos nas mãos de cada criança que se sentar na cadeira colocada à sua frente. Agora essa criança deve ser o espelho do educador e imitar todos os movimentos que ele fizer com as mãos.

O educador deve repetir todos os movimentos pelo menos duas vezes, e sempre com as duas mãos, bem como anunciar o que ele vai fazer em seguida. Por exemplo:

- Rodar os pulsos para fora ou para dentro.
- Abrir e fechar as mãos.
- Abrir a mão esquerda, fechar a mão esquerda; abrir a mão direita, fechar a mão direita.
- Separar os dedos das duas mãos ao mesmo tempo. Juntar os dedos ao mesmo tempo.
- Mover os dedos das duas mãos conjuntamente.

Outras aplicações

Podemos ceder nossa cadeira às crianças para que, revezando-se, conduzam o jogo, devendo as demais imitar seus movimentos.

28 O ladrão

PROPRIEDADES DOS OBJETOS

Objetivo: Desenvolver a capacidade de memória e reconhecer os objetos por suas propriedades.

Material: Diferentes brinquedos ou objetos da sala de aula.

Trabalha-se: Observação e exploração direta de qualidades perceptíveis com os sentidos de alguns elementos do entorno e suas características morfológicas e funcionais.

Descrição

É fácil fazer com que a criança, curiosa por natureza, observe e explore seu ambiente cotidiano. Sirvamo-nos disso para que ela observe as características morfológicas e funcionais de alguns objetos cotidianos e aprenda a identificar as qualidades perceptivas através do desenvolvimento da memória visual.

Desenvolvimento do jogo

Todas as crianças se sentam em círculo no chão e, no centro, colocamos brinquedos ou objetos que sejam bastante familiares.

Depois de comentar o que é cada objeto, de que cor ele é e para que serve, anunciamos que, para iniciar a brincadeira, precisamos de um ladrão.

As crianças se sentam então de costas para o centro do círculo e o menino-ladrão retira o objeto que preferir sem nada dizer e sem que o resto da turma veja.

Uma vez escondido o objeto, o resto da turma se volta novamente para o centro do círculo e tenta descobrir qual objeto foi retirado.

A dificuldade da brincadeira pode aumentar progressivamente, segundo dermos ou não alguma pista para descobrir o objeto em questão. Também podemos pedir que digam antes do nome, a forma, a cor ou o uso do objeto.

Outras aplicações

Se quisermos dar um pouco mais de emoção à brincadeira, podemos organizar duas equipes: uma esconde um objeto e a outra tenta descobrir qual objeto foi escondido. Se ela não descobrir, o entregaremos embrulhado em uma bolsa opaca, para que possam manipulá-lo sem vê-lo, desenvolvendo assim a memória tátil e espacial.

29 Que objeto é esse?

PROPRIEDADES DOS OBJETOS

Objetivo: Diferenciar os tipos de objetos presentes no ambiente mais próximo da criança.

Material: Objetos relacionados à alimentação (colher, garfo, copo, prato...), ao asseio (pente, sabonete, toalha...), ou outros objetos escolares (giz, brinquedos, livros...).

Trabalha-se: Observação e exploração direta de qualidades perceptíveis com os sentidos de alguns elementos do entorno e suas características morfológicas e funcionais.

Descrição

Nesta brincadeira enfatizaremos as características e sensações associadas às qualidades perceptivas de elementos do nosso entorno mais próximo, fazendo com que a criança relate as qualidades perceptivas de um elemento conhecido, mesmo sem vê-lo, embora ela possa averiguá-lo posteriormente.

Desenvolvimento do jogo

Comunicamos às crianças que os objetos que nos rodeiam podem ser classificados em objetos relacionados à alimentação, ao asseio e à sala de aula.

Escolheremos um objeto e o descreveremos a partir de seus atributos e usos. As crianças devem adivinhar o nome do objeto descrito.

A brincadeira se inicia escolhendo um objeto:

"Tenho em minhas mãos uma coisa que está na cozinha. É dura e de metal. Tem a ponta redonda e serve para levar a sopa à boca". Que objeto é esse?

"Tenho em minhas mãos uma coisa que encontramos no banheiro. É branca e suave. Coloco nela sabonete e ela serve para esfregar meu corpo." Que objeto é esse?

"Tenho nas mãos uma coisa que encontramos na sala de aula. É dura e colorida. Serve para pintar coisas bonitas na lousa." Que objeto é esse?

A criança que acertar o objeto escolherá outro objeto e o descreverá.

Outras aplicações

Gesticularemos ao descrever o objeto como se estivéssemos usando-o naquele exato instante. Uma vez adivinhado o objeto, nós o passaremos às crianças para que elas o toquem e o repassem umas às outras, e assim se lembrem de seu nome, de sua utilidade, de sua textura.

30 Os curiosos

PROPRIEDADES DOS OBJETOS

Objetivo: Reconhecer os diferentes atributos dos objetos da sala de aula.

Material: Objetos habituais do ambiente das crianças.

Trabalha-se: Organização de nossa vida a partir da própria realidade, conhecimento dos elementos do ambiente mais próximo e caracterização morfológica da sala de aula.

Descrição

É imprescindível que a criança se mova com desenvoltura pela sala de aula desde os primeiros dias. Por isso devemos fazer com que ela se familiarize com todo o espaço, bem como identificar as características e as partes que compõem a sala de aula, tanto o mobiliário como os objetos presentes, usando a denominação correta dos mesmos.

Desenvolvimento do jogo

Com um objeto da sala nas mãos, perguntamos às crianças se elas já se deram conta de como são as coisas naquele espaço.

A partir desse momento e com a curiosidade estimulada, todas as crianças vão se converter em pessoas curiosas, interessadas em discutir os atributos desses objetos.

As crianças escolhem então os objetos que mais lhes chamam a atenção, sentam-se em círculos, os mostram um a um aos coleguinhas. Na sequência elas devem nomear o objeto e apresentá-lo brevemente: dizer qual é a sua cor, se seu tamanho é grande ou pequeno, se pesa muito ou pouco, se é liso ou rugoso, se ele emite algum som... E, por fim, explicar sua utilidade para as crianças. Todas as crianças devem escolher um objeto e descrevê-lo aos seus companheiros.

Outras aplicações

Uma vez descrito o objeto, podemos sugerir à criança que diga onde ele estava e pedir que o recoloque em seu devido lugar, a fim de acostumá-la a deixar as coisas em ordem.

31 Coisas iguais

PROPRIEDADES DOS OBJETOS

Objetivo: Nomear e reconhecer materiais iguais.

Material: Papel higiênico ou cordas longas e brinquedos da sala de aula.

Trabalha-se: Orientação e organização do espaço; observação e exploração direta de elementos do ambiente e suas características morfológicas e funcionais.

Descrição

Brincamos com as crianças a fim de descobrir coisas iguais, fazendo com que elas adquiram noções espaciais que as ajudarão a orientar-se em seu ambiente, assim como identificar situações espaciais diversas, comparando as características mais significativas de objetos, agrupando-os em função de suas características, dando a elas a chance de participarem plenamente das atividades.

Desenvolvimento do jogo

Separamos vários objetos ou desenhos que sejam iguais na cor, no tamanho e na forma. Marcamos uma linha divisória no chão e, em um lado dela, colocamos os objetos e, no outro, seus sósias, mas em diferentes posições.

As crianças devem então unir com as pontas do papel higiênico ou das cordas os objetos iguais que estão diante delas.

Outras aplicações

Podemos preparar pares de desenhos iguais e fazer com que as crianças os pintem antes de começar a brincadeira.

32 O tesouro de Barba-Azul e Barba-Ruiva

CORES, NÚMEROS E FORMAS

Objetivo: Distinguir a cor azul e a cor vermelha.

Material: Uma caixa de areia, uma cesta vermelha, uma cesta azul e diferentes objetos azuis e vermelhos (de preferência pequenos).

Trabalha-se: Observação e manipulação de objetos e materiais selecionados, relações qualitativas, percepção sensorial de elementos do ambiente e reconhecimento de cores.

Descrição

Vamos brincar identificando um dos atributos principais dos objetos, que é sua cor, distinguindo entre duas das cores primárias: o vermelho e o azul. A manipulação e a observação dos objetos nos ajudarão a captar suas principais características, estabelecendo relações entre objetos por cor.

Desenvolvimento do jogo

Colocamos no chão uma caixa cheia de areia e, em um lado da caixa, deixamos uma cesta azul e, no outro, uma cesta vermelha. Em seguida, escondemos objetos azuis e vermelhos na areia, sem que as crianças vejam, para não perder o efeito surpresa.

As crianças formam um círculo ao redor da caixa de areia e das cestas, e lhes contamos o conto dos piratas Barba-Azul e Barba-Ruiva, e como eles perderam seus tesouros nas areias de uma praia e ninguém os ajudou a procurá-los.

Quando encontram algum objeto, as crianças devem retirá-lo da areia, limpá-lo e dizer seu nome. “Este é um..., de cor azul, e por isso o colocarei na cesta do pirata Barba-Azul”. E rapidamente o colocam na cesta desta cor. O jogo termina quando forem encontrados todos os tesouros dos piratas.

Outras aplicações

Também podemos brincar com uma caixa com um buraco na parte superior ou uma bolsa grande opaca que permita introduzir a mão para tirar os objetos; inclusive podemos substituir a areia por água, para trabalhar com outro meio.

33 Os colares da rainha e do rei

CORES, NÚMEROS E FORMAS

Objetivo: Reconhecer as cores amarela e verde.

Material: Uma rainha e um rei, uma caixa, bolas amarelas e verdes, dois barbantes para pendurá-las.

Trabalha-se: Motricidade refinada, observação e manipulação de objetos e materiais selecionados, relações qualitativas, percepção sensorial de elementos do ambiente e reconhecimento de cores.

Descrição

Vamos distinguir outras duas cores principais: a amarela e a verde. O manuseio e a observação dos objetos ajudar-nos-ão a captar suas principais características, estabelecendo relações entre objetos por sua cor, melhorando assim a coordenação olho-mão ao realizar uma tarefa de precisão.

Desenvolvimento do jogo

Antes de começar, devemos confeccionar, com massinhas de cores amarela e verde, bolas de um tamanho aproximado de uma noz.

As crianças se colocam em círculo e apresentamos, em um lugar da sala, a rainha, e, em outro, o rei. Esses personagens podem ser dois bonecos ou um menino e uma menina, devidamente vestidos para a ocasião.

Em uma caixa escura (com uma abertura na parte superior para poder colocar a mão) guardamos as bolas verdes e amarelas. Ao lado da caixa deixamos os barbantes com uma agulha de plástico enfiada.

Contamos a história de dois reis que estavam tristes porque não podiam comparecer ao baile do palácio, pois não tinham colares. Com certeza as crianças acudirão os reis.

Uma a uma, as crianças se aproximam da caixa escura, introduzem a mão e tiram uma bola. Dependendo da cor da bola, ela será enfiada no barbante da rainha (amarelo) ou no barbante do rei (verde).

Ao finalizar, faz-se um nó para fechar os colares, que serão pendurados no pescoço da rainha e do rei.

Outras aplicações

Também podem ser confeccionados pelas crianças os trajes e as coroas dos reis.

34 Os balões azuis

CORES, NÚMEROS E FORMAS

Objetivo: Identificar a cor azul.

Material: Balões azuis.

Trabalha-se: Motricidade ampla, observação e manipulação de objetos e materiais selecionados, relações qualitativas, percepção sensorial de elementos do ambiente e reconhecimento de cores.

Descrição

Vamos brincar identificando um dos atributos principais dos objetos, que é sua cor, reforçando o conhecimento de uma cor primária: a azul. A manipulação lúdica e a observação dos objetos nos ajudarão a captar suas principais características, estabelecendo relações entre objetos por sua cor.

Desenvolvimento do jogo

Transpomo-nos ao exterior da sala para verificar de que cor é o céu e, se for um dia ensolarado, veremos que ele é azul como os balões que estão na sala de aula.

Um a um, enchemos os balões e os entregamos às crianças, enquanto passamos em revista, um a um, todos os objetos azuis que existem na sala.

Com o balão azul nas mãos, brincamos e verificamos tudo o que podemos fazer com ele.

Depois usamos o balão azul para indicar os objetos azuis que descobrimos na sala, enquanto as crianças dizem juntas: "...é azul como meu balão".

Outras aplicações

Se já tivermos feito alguma brincadeira com a cor azul, podemos escolher balões de outra cor e criar assim uma brincadeira parecida para identificar essa nova cor.

35 No fundo do mar

CORES, NÚMEROS E FORMAS

Objetivo: Nomear e reconhecer a figura do círculo.

Material: Blocos lógicos, uma caixa com círculos de cartolina em diferentes tamanhos e fita adesiva.

Trabalha-se: Observação e exploração direta de qualidades perceptíveis com os sentidos de alguns elementos do entorno, experimentando e manipulando-os; conhecimento das figuras geométricas, em especial o círculo.

Descrição

Identificaremos qualidades perceptivas de alguns elementos de nosso entorno; compararemos uma das características mais significativas dos objetos, que é a sua forma, agrupando-os em função desta.

Desenvolvimento do jogo

Desenhamos um grande círculo na lousa ou em uma cartolina e procuramos objetos da sala que tenham a mesma forma. Em seguida, sentados, manipulamos os círculos dos blocos lógicos tendo já preparada a caixa com os círculos de cartolina de diferentes tamanhos.

O mural para desenvolver este jogo deve ser preparado com antecedência: sobre papel-contínuo ou na lousa desenhamos o fundo do mar, e dentro deste espaço colocamos peixes de diferentes tamanhos e cores (de formas arredondadas); também faremos círculos de distintos tamanhos, como se fossem bolhas.

Pedimos então às crianças que completem o desenho com os círculos de diferentes tamanhos que estão na caixa. Uma a uma, elas tiram um círculo, aproximam-se do mural, colam-no dentro de uma bolha de tamanho parecido e repetem em voz alta: "Colo um círculo no fundo do mar".

Outras aplicações

Se confeccionarmos círculos de cores variadas, também podemos passar em revista os distintos tipos de cores, fazendo com que, por exemplo, todas as bolhas de um mesmo peixe sejam de uma só cor.

36 Os vagões do trem

CORES, NÚMEROS E FORMAS

Objetivo: Nomear e reconhecer a forma do quadrado.

Material: Blocos lógicos, uma caixa com quadrados de cartolina em diferentes tamanhos e um bastão de cola.

Trabalha-se: Observação e exploração direta de qualidades perceptíveis com os sentidos de alguns elementos do ambiente, experimentando e manipulando-os; conhecimento das figuras geométricas: o quadrado; conhecimento da vida humana a partir da realidade.

Descrição

Identificaremos qualidades perceptivas de alguns elementos de nosso entorno, compararemos uma das características mais significativa dos objetos, que é sua forma, agrupando-os em função desta.

O jogo também nos permitirá localizar lugares do próprio ambiente, fora da escola, identificar seus elementos mais significativos e introduzir-nos nos meios de transporte.

Desenvolvimento do jogo

Assim como no jogo dos círculos, desenhamos um grande quadrado na lousa ou em uma cartolina e buscamos objetos da sala que tenham a mesma forma.

Com antecedência, preparamos um mural, que consiste em um cenário com trens de muitos vagões viajando em todas as direções, desenhados sobre papel-contínuo ou na lousa. Dentro do desenho, marcam-se os vagões com a forma quadrada.

Todas as crianças são convidadas a montar os vagões. Uma a uma, cada criança tira um quadrado da caixa. Em seguida dirige-se ao desenho dos trens, cola o quadrado no vagão cujo tamanho seja aproximadamente o mesmo e diz em voz alta: "Colo um quadrado no vagão do trem".

Outras aplicações

Cientes de que os trens fascinam as crianças, podemos contar algo sobre eles, se existe alguma linha férrea por perto, estações, para onde eles nos podem levar etc.

37 Conheço os números

CORES, NÚMEROS E FORMAS

Objetivo: Descobrir os símbolos e grafias dos números: 1, 2 e 3.

Material: Três murais com os números 1, 2 e 3.

Trabalha-se: Características dos elementos do entorno, relações qualitativas e quantitativas, e números de 1 a 3.

Descrição

A partir dos conhecimentos de algumas características morfológicas de seres vivos conhecidos, utilizaremos os números de 1 a 3 para brincar, reconhecendo sua forma verbal e gráfica, aprendendo a nomear esses números por ordem.

Desenvolvimento do jogo

Com esse jogo as crianças têm a possibilidade de converter-se em números gigantes. Para isso, pintamos três murais, cada um com uma grafia, no tamanho aproximado das crianças.

O mural com o número 1 deve representar um soldado; o mural número 2, um pato; o mural com o número 3, uma serpente.

Os murais são colocados na parede para que as crianças possam se apoiar neles.

Ao brincar com o número 1, as crianças se convertem em soldados. Elas observam como o número é, tocam-no com as mãos e se colocam de perfil imitando a postura do número. Em seguida, todos juntos desfilam pela sala e gritam: "um, um, um, um..."

Ao brincar com o número 2, as crianças se convertem em patos, imitam-nos e repetem: "dois cuac, dois cuac, dois cuac..."

Por último, ao brincar com o número 3, as crianças se convertem em serpentes que se arrastam pelo chão e dizem: "um, dois, 'trêsssss'; um, dois, 'trêsssss'..."

Outras aplicações

Seria interessante ter em mãos fotos de soldados desfilando, de patos e serpentes para falar às crianças sobre cada uma dessas temáticas.

38 Os índios caras--pintadas

CORES, NÚMEROS E FORMAS

Objetivo: Nomear e reconhecer a forma do triângulo.

Material: Blocos lógicos, uma caixa com triângulos de cartolina em diferentes tamanhos e bastão de cola.

Trabalha-se: Observação e exploração direta de qualidades perceptíveis com os sentidos de alguns elementos do entorno, experimentando e manipulando-os; conhecimento das figuras geométricas: o triângulo; organização da vida humana a partir da própria realidade.

Descrição

Voltamos a identificar qualidades perceptivas de alguns elementos de nosso entorno, comparando uma das características mais significativas dos objetos, que é sua forma, agrupando-os em função desta. O jogo nos servirá também para localizar tipos de construções próprias de nosso estilo de vida e de outros lugares.

Desenvolvimento do jogo

Agora vamos descobrir o triângulo. Apresentaremos a figura na lousa ou em uma cartolina e localizaremos objetos da sala que tenham a mesma forma. Para reforçar o conceito, as crianças podem manipular os triângulos da caixa de blocos lógicos.

Precisamos preparar um mural, na lousa ou em papel-contínuo, que represente uma população de índios "caras-pintadas" e marcar com formas triangulares as tendas dos índios.

Toda a turma deve ajudar a montar as tendas. De uma em uma, as crianças se levantam e tiram um triângulo da caixa que está no centro da sala. Em seguida, completam o desenho colando os triângulos sobre as tendas do mesmo tamanho e repetem em voz alta: "Colo um triângulo na aldeia dos índios 'caras-pintadas'".

Outras aplicações

Podemos aproveitar a ocasião para comentar os diversos tipos de casas que existem no mundo: desde iglus, até casas de veraneio, passando por casas como as da nossa localidade.

39 Os números

Objetivo: Reconhecer os símbolos e grafias dos números 1, 2 e 3.

Material: Três argolas grandes, brinquedos da sala e três etiquetas com os números 1, 2 e 3.

Trabalha-se: Características dos elementos do ambiente, relações qualitativas e quantitativas, e números de 1 a 3.

Descrição

As crianças já conhecem os três números, mas, com este jogo, vão reforçar seu conceito gráfico. Agrupando elementos de características morfológicas variadas, usaremos os números para brincar, reconhecendo sua forma verbal e gráfica, aprendendo a nomear esses números por ordem, experimentando com linhas, superfícies e objetos as noções "dentro" e "fora", fazendo com que as crianças se habituem a refletir antes de dar uma resposta, evitando assim a precipitação.

Terminando o jogo, insistiremos na aplicação de hábitos de ordem.

Desenvolvimento do jogo

Mostramos o número 1, e dizemos juntos: "este é o número 1". Depois pedimos a uma criança que identifique o número 1. Faremos o mesmo com os números 2 e 3.

Para que este jogo seja divertido e tenha sucesso, é muito importante que as crianças tenham claro o conceito quantitativo do número que está em cada círculo.

As crianças se sentam no chão ao redor de três argolas devidamente numeradas. Chamamos uma delas e lhe pedimos que busque um, dois ou três brinquedos que estão pela sala, e pedimos que os coloque, segundo o número, dentro das argolas. As outras crianças animam e ajudam os companheiros.

Uma vez comprovado que está correto, retiramos os brinquedos de dentro das argolas e convidamos outra criança para que continue a brincadeira.

Outras aplicações

O fato de solicitar às crianças que guardem os brinquedos em seu lugar, fará com que elas se acostumem a organizar-se, deixando as coisas em seus devidos lugares.

40 Os quebra-cabeças

CORES, NÚMEROS E FORMAS

Objetivo: Discriminar visualmente as formas.

Material: Diversos quebra-cabeças (um para cada equipe).

Trabalha-se: Estratégias diante de problemas e solução de situações diversas, e reconhecimento de silhuetas similares.

Descrição

Com este jogo, as crianças aprendem a perceber corretamente a forma da silhueta do quebra-cabeça, e a descobrir os conceitos de completo e incompleto.

Também faremos com que as crianças respondam positivamente diante das dificuldades que, às vezes, a resolução de jogos engenhosos supõe, e que elas comemorem os resultados obtidos na resolução dos mesmos.

Desenvolvimento do jogo

Com as crianças sentadas em suas carteiras ao lado das mesas, formam-se equipes que devem completar o mais rápido possível o quebra-cabeça que lhes entregarmos.

No centro de cada mesa, mostramos o quebra-cabeça completo para que cada equipe interiorize sua forma global. Em seguida, o desmontamos e deixamos as partes espalhadas sobre a mesa.

A primeira equipe a terminar receberá a ovação de seus companheiros.

Outras aplicações

Se as crianças não estão acostumadas a montar quebra-cabeças, antes de começar podemos ensinar-lhes algumas táticas que facilitam sua resolução (os lados retos costumam corresponder aos cantos do quebra-cabeça; começar pelo mais fácil e deixar o mais complicado para o final; fixarmo-nos não somente na forma, mas também na cor etc.).

41 Os cozinheiros doidos

CORES, NÚMEROS E FORMAS

Objetivo: Reconhecer conceitos de quantidade (um, muitos...).

Material: Mesas da sala, recipientes, leguminosas e pratos.

Trabalha-se: Observação e exploração direta de qualidades perceptíveis com os sentidos de alguns elementos do ambiente; relações quantitativas.

Descrição

Brincando com legumes e grãos, as crianças melhorarão o conhecimento de materiais de seu ambiente através de seu reconhecimento, observação e manipulação, fazendo-as conhecer a procedência destes alimentos; tudo isso com um pano de fundo matemático, construindo sequências com elementos atendendo a diversas ordens, relacionando agrupamentos de elementos e interpretando informações relativas a algumas relações quantitativas.

Desenvolvimento do jogo

As crianças se convertem em cozinheiras em um restaurante de leguminosas.

Antes de iniciar a brincadeira, colocamos em fila as mesas e nelas colocamos vários recipientes com diferentes leguminosas (lentilhas, grão-de-bico, feijão...).

Em seguida, pedimos às crianças que segurem em suas mãos um prato de plástico e o encham com os legumes que lhes são pedidos e na quantidade exata.

Depois de encher os pratos, elas devem esvaziá-los, colocando em seu lugar as leguminosas apanhadas. Assim, por exemplo, elas devem colocar em seus pratos:

- um grão de feijão, e logo devolvê-lo;
- um grão-de-bico, e logo devolvê-lo;
- muito arroz, e logo devolvê-lo;
- muitas lentilhas, e logo devolvê-las.

Podemos complicar o jogo dando ordens cada vez mais rápidas. Também podemos pedir que uma criança decida a quantidade.

Outras aplicações

Antes de começar seria útil fazer uma apresentação dos diversos tipos de leguminosas e grãos escolhidos, dizendo seu nome, sua origem, como são preparados. Assim, pode ser que as crianças reconheçam vários deles.

42 Umas perucas para os palhaços

CORES, NÚMEROS E FORMAS

Objetivo: Reconhecer os conceitos de "longo" e "curto".

Material: Novelos de lã coloridos e tesouras sem ponta.

Trabalha-se: Noções de medida: longo, curto; autoproteção nos perigos.

Descrição

Dentro das noções de medida, veremos os conceitos de "longo" e "curto", identificando as noções relacionadas com a medida a um referencial.

Ainda que sempre se trabalhe com o tema transversal da segurança, neste jogo podemos insistir nas medidas de autoproteção diante de perigos potenciais, conscientizando as crianças sobre as situações que podem comportar certo risco, de maneira que tomem as precauções necessárias para evitá-lo, e que saibam pedir ajuda dos adultos quando necessário.

Desenvolvimento do jogo

Apresentamos este jogo como uma oportunidade para confeccionar duas perucas a dois palhaços amigos, que são muito divertidos. O palhaço Lolo precisa de uma peruca com cabelos longos, e o palhaço Caco precisa de uma de cabelos curtos.

A metade da turma comporá a equipe do palhaço Lolo e confeccionará a peruca de cabelos longos. A outra metade faz a peruca de cabelos curtos para o palhaço Caco.

Cada equipe conta com novelos de lã e tesouras de ponta redonda. Vale lembrar o devido cuidado a fim de que as crianças não se machuquem e cortem os fios de lã de maneira correta.

Outras aplicações

Ensinaremos às crianças a cortar com as tesouras, explicaremos também a razão pela qual as tesouras têm a ponta arredondada, introduzindo-as assim na importância de tomar precauções para que não se machuquem.

43 A fazenda de Maria

CIÊNCIAS NATURAIS

Objetivo: Reconhecer os animais típicos de uma fazenda.

Material: Uma cesta para a dona da fazenda.

Trabalha-se: Expressão corporal, características do ambiente, apreciação, respeito e interesse pelos elementos do quadro natural e social.

Descrição

Reproduziremos cenas cotidianas de uma fazenda, fazendo com que as crianças identifiquem animais de seu entorno (se vivem no campo) ou distantes (se vivem na cidade), para reconhecer alguns dos elementos que integram nosso ambiente sociocultural (a fazenda e a vida no campo).

Desenvolvimento do jogo

Converteremos a turma em uma fazenda com muitos animais domésticos e faremos o papel da proprietária da fazenda, a Dona Maria, que, à medida que passeia por sua granja, vai se encontrando com os "animaizinhos". Por isso pedimos a todas as crianças que se convertam em animais da fazenda que aos poucos vamos nomeando.

Na bela fazenda, nasce o sol e os galos nos despertam com seu "cocoricó".

No estábulo, as vacas nos esperam (as crianças se colocam de quatro) para comer o capim que trazemos dentro da cesta. Um pouco mais adiante estão os cavalos, as éguas e os potros. Damos-lhes de comer e lhes escovamos as crinas.

Ao sair do estábulo nos deparamos com as galinhas (crianças dando saltos), que, cacarejando, nos pedem grãos de milho para comer.

Por último, aproximamos-nos da lagoa para saudar os patos (as crianças se agacham).

Outras aplicações

O jogo deve ser realizado depois de uma visita a uma fazenda, ou depois de um encontro onde já se tenha falado sobre os animais, a fim de que as crianças os conheçam bem e assim a atividade seja mais completa.

44 Os caminhos da natureza

CIÊNCIAS NATURAIS

Objetivo: Diferenciar animais, vegetais e objetos.

Material: Brinquedos ou desenhos de distintos animais, plantas e objetos.

Trabalha-se: Motricidade ampla e observação indireta de alguns elementos naturais do ambiente próximo e distante.

Descrição

Com esta brincadeira recordamos às crianças de um modo prático e divertido que, como elas sabem, existe o mundo dos animais (gato, cachorro, leão), o mundo dos vegetais (plantas e árvores), e o mundo das coisas e objetos que nos rodeiam.

Trata-se de identificar qualidades perceptivas de alguns dos elementos do quadro natural ou artificial, seja em nível local ou planetário. Esses elementos, naturais ou não, já devem ser mais ou menos conhecidos das crianças.

Desenvolvimento do jogo

Depois de rever esses três grupos, colocamos três argolas coloridas em um canto da sala para classificar os animais, os vegetais e os objetos.

À medida que as chamamos, as crianças apanham um brinquedo ou um desenho de um animal, planta ou coisa. Uma vez mostrado o objeto para a turma, elas o depositam dentro da argola que elas julgarem mais adequada.

Outras aplicações

Se estivermos no início do curso, seria oportuno dizer claramente os nomes das crianças para ajudá-las a se conhecerem.

45 Visita ao zoológico

Objetivo: Reconhecer os animais selvagens.

Material: Objetos ou mobiliário da sala.

Trabalha-se: Observação e exploração direta e/ou indireta de qualidades perceptíveis com os sentidos de alguns elementos do ambiente e das características morfológicas e funcionais de alguns seres vivos.

Descrição

As crianças conhecem bem os animais domésticos, mas devem saber que existem outros animais selvagens, que estão no zoológico ou na natureza.

Devemos deixar claro que os animais domésticos são úteis às pessoas, enquanto que os animais selvagens devem viver em liberdade ou em locais protegidos. É importante lembrar aqui a questão ecológica ligada à proteção dos animais.

Além disso, é bom que as crianças saibam que o zoológico não é um lugar onde apenas se enjaulam animais. Lá, além de podermos contemplá-los, algumas espécies em extinção são protegidas.

Desenvolvimento do jogo

Para começar o jogo organizamos a turma como se ela fosse um zoológico: arrumamos as mesas e as cadeiras como se elas fossem jaulas de animais.

Em seguida, cada criança escolhe um animal selvagem que conheça e se coloca em sua jaula, imitando seus gestos e sua forma de comer, de mover-se etc.

Passeando pela sala, aproximamo-nos das crianças e lhes perguntamos que animais elas representam, se esses animais vivem sozinhos ou com outros membros da família, o que eles comem e bebem, do que mais gostam, se vivem na terra, na água ou no ar. Caso as crianças não conheçam certos hábitos do animal representado, podemos dar-lhes dicas.

Outras aplicações

Alguns dias antes do jogo, podemos pedir às crianças que tragam alguma foto ou desenho com o nome do animal que elas gostariam de representar e colocá-lo diante de sua jaula.

46 Plantamos uma leguminosa

CIÊNCIAS NATURAIS

Objetivo: Iniciar as crianças no ciclo de vida da planta.

Material: leguminosas (feijão, lentilha...), um pouco de algodão, regadores e recipientes.

Trabalha-se: Experimentação e manipulação de elementos do ambiente próximo.

Descrição

É interessante que as crianças trabalhem os elementos naturais do ambiente para observar como elas reagem ou como interagem.

O jogo permite que as crianças observem e entendam como uma semente cresce até converter-se, com o passar do tempo, em uma plantinha.

Desenvolvimento do jogo

Em uma mesa colocamos os recipientes para plantar as sementes, que podem ser copinhos de plástico, copinhos de iogurtes vazios e lavados, ou recipientes de vidro.

Em outra mesa colocamos o algodão e, em uma terceira mesa, colocamos pratos com diferentes leguminosas (feijão, lentilha). Na quarta mesa colocamos regadores ou jarras com água.

Em seguida, indicamos os passos para plantar a semente:

- Escolher um recipiente e colocar o nome da criança.
- Enchê-lo com um pouco de algodão.
- Molhar o algodão com a água dos regadores ou das jarras.

Feito isto, cada criança coloca seu recipiente com a semente em um lugar reservado para as plantas. A partir desse momento, cada criança deve responsabilizar-se por sua planta e verificar se o algodão está sempre úmido.

É bom plantar algumas sementes a mais para que, caso alguma planta de alguma criança não cresça, ela possa ser substituída. Isso para evitar maiores desgostos.

Outras aplicações

Se alguma planta morrer, podemos explicar às crianças que este fato é comum na natureza. "Sabendo" que nem todas vão germinar, as plantas produzem muitas sementes.

47 Os girassóis

CIÊNCIAS NATURAIS

Objetivo: Reconhecer uma planta do entorno.

Material: Desenhos ou fotografias de girassóis.

Trabalha-se: Conhecimento de elementos de nosso ambiente rural e sociocultural.

Descrição

Brincando de fazer girassóis, as crianças se exercitam em uma grande atividade motriz, ao mesmo tempo em que percebem processos de mudanças em um ser vivo observáveis em um período de tempo relativamente curto (um dia, ou horas).

Desenvolvimento do jogo

As crianças se convertem em sementes de girassol que serão plantadas no jardim.

Assim, uma a uma, as crianças vão sendo deitadas no chão ou de cócoras.

Depois, com um regador imaginário, regamos as sementes para que, pouco a pouco, cresçam (as crianças vão se levantando, até ficar de joelhos).

Jogamos mais água nelas para que produzam ramos (elas esticam então os braços). Por fim, jogamos mais água a fim de que nasça da cabeça uma bela flor amarela.

De noite as plantas se fecham para dormir. Pela manhã, o sol reaparece (que podemos ser nós mesmos), desperta os girassóis, e lhes pede que girem com ele. O sol se move e os girassóis se movem com ele.

De repente, o sol se esconde atrás de umas nuvens, um vento forte começa a soprar e os girassóis se dobram de um lado para o outro. Em seguida surge a lua, que saúda todos os girassóis com um boa-noite. Estes então se encolhem e descansam.

Outras aplicações

Podemos levar sementes de girassol para a sala de aula e ensinar às crianças como se comem (certamente muitos nunca as experimentaram), insistindo que elas não comam as cascas, e que as joguem em lixeirinhas de papel previamente preparadas.

48 Animais domésticos e selvagens

CIÊNCIAS NATURAIS

Objetivo: Distinguir entre os animais selvagens e os animais domésticos.

Material: Figurinhas ou estampas de animais selvagens e domésticos.

Trabalha-se: Observação e exploração direta e/ou indireta de qualidades perceptíveis com os sentidos das características morfológicas e funcionais de alguns seres vivos.

Descrição

Com este jogo vamos reforçar os conhecimentos que as crianças já têm dos animais de fazenda ou domésticos, confrontando-os com os animais selvagens.

Sempre que falarmos de seres vivos, buscaremos inculcar nas crianças o devido respeito, cientes de que a melhor maneira de começar a amá-los é conhecê-los. Indicaremos os perigos que alguns animais e plantas podem representar, especialmente alguns de nosso entorno, destacando também que eles devem ser respeitados pelo papel que exercem na natureza.

Desenvolvimento do jogo

Antes de começar a brincadeira buscaremos preparar as crianças falando-lhes um pouco do mundo animal e de seus diferentes contextos. Para tanto, uma mesa, representando uma casa de campo, será dedicada aos animais domésticos, e outra mesa, representando uma selva, será dedicada aos animais selvagens.

Misturamos então todos os animais e os dividimos de tal forma que alguns animais selvagens apareçam na casa de campo e alguns animais domésticos na selva.

As crianças devem ir a uma das mesas e distinguir os animais que estão dentro e os que estão fora de seu *habitat* natural. Estes devem ser levados para o seu *habitat*, juntando-se assim à sua "família".

Outras aplicações

Mais uma vez insistiremos que cada animal tem seu lugar, e que devemos respeitá-lo, já que todos, grandes ou pequenos, são importantes, gostemos deles ou não.

49 Animais da água, da terra, do ar

CIÊNCIAS NATURAIS

Objetivo: Reconhecer os ambientes naturais de alguns animais.

Material: Figuras ou estampas de animais terrestres, aquáticos ou celestes; uma sacola e três cartolinas de cores azul, verde e marrom.

Trabalha-se: Observação e exploração direta e/ou indireta de qualidades perceptíveis com os sentidos das características morfológicas e funcionais de alguns seres vivos e do ambiente natural onde eles se encontram.

Descrição

É importante que as crianças não somente conheçam os animais e as plantas, mas compreendam que eles vivem em um meio ambiente que deve ser respeitado.

Neste jogo podemos destacar as características da locomoção dos animais segundo o meio em que vivem, fazendo com que o fato de explicar detalhes sobre alguns animais sirva para que as crianças se sintam atraídas por eles e desenvolvam uma consciência de conservação da natureza.

Desenvolvimento do jogo

Criamos três ambientes com cartolinas coloridas: um lago, um pedaço de terra e pedacinho do céu.

Dentro de uma sacola colocamos as figuras ou estampas de animais, entre os quais alguns vivem na água, outros no ar e outros na terra.

Cada criança, ordeiramente, se levanta e se aproxima da sacola para tirar um animal. Ela o olha e se converte nele. Quando as outras crianças reconhecerem de que animal se trata, a criança que o tirou da sacola se dirigirá ao ambiente onde normalmente o animal que ela representa vive.

Outras aplicações

Se percebermos que as crianças encontram dificuldades em adivinhar o animal representado, podemos dar-lhes pistas ou ajudar a criança em questão a fazê-lo. Também podemos dar algumas informações a mais para que as crianças aprendam mais sobre o animal em questão.

50 As flores e as árvores

CIÊNCIAS NATURAIS

Objetivo: Reconhecer as partes essenciais de uma flor e compará--las com as da árvore.

Material: Cartolinas com desenhos das partes das flores e das árvores.

Trabalha-se: Conhecimento de elementos do ambiente natural, urbano ou rural.

Descrição

Antes do jogo fazemos com que as crianças descubram no pátio da escola a existência de plantas, concretamente nos fixamos nas flores e nas árvores, sobretudo em suas partes, destacando sua beleza, bem como sua utilidade e a necessidade de respeitá-las e não as arrancar por capricho.

Desenvolvimento do jogo

Para conhecer as partes das plantas, preparamos uma caixa com desenhos das quatro partes de diferentes flores e árvores. Devemos sobretudo dizer às crianças que as flores se dividem em coroa da flor, talo, folhas e raízes, enquanto que as árvores se dividem em copa, tronco, ramos e raízes.

Dividimos a turma em quatro grupos, que terão por tarefa montar uma flor e uma árvore. Colocamos à disposição das crianças partes misturadas de flores e árvores.

Ao darmos início ao jogo, as crianças devem buscar as partes e confeccionar as duas plantas. Ganha a equipe que por primeiro concluir as duas plantas.

Outras aplicações

Aproveitaremos qualquer passeio, inclusive partes do recreio no pátio, para ensinar as crianças sobre as plantas que lhes são próximas, ressaltando o papel tão importante que elas têm, sobretudo nas cidades, e que devemos cuidar delas e respeitá-las.

51 A cidade e o campo

CIÊNCIAS NATURAIS

Objetivo: Distinguir a paisagem urbana da paisagem rural.

Material: Desenhos, fotos e brinquedos para confeccionar estas paisagens.

Trabalha-se: Conhecimento e organização humana a partir da própria realidade; elementos que configuram o ambiente humano, os costumes e os estilos de vida.

Descrição

Esta brincadeira permite que as crianças contrastem os elementos pertencentes a essas duas paisagens tão diferentes entre si, bem como as normas para se viver nelas.

Ela também permite reconhecer a procedência de alguns materiais naturais que as pessoas utilizam para viver, identificando alguns elementos que integram o ambiente sociocultural, aplicando sua denominação correta.

Desenvolvimento do jogo

Perguntamos às crianças como é o lugar onde elas vivem, buscando descobrir se é uma paisagem rural ou urbana.

Colocamos então no centro da sala uma caixa grande com elementos misturados dessas paisagens, e montamos duas equipes: uma deve construir sobre a mesa uma paisagem rural, e a outra, uma paisagem urbana. Não se trata de uma competição, mas simplesmente juntar elementos típicos das duas paisagens.

Assim, por exemplo, a paisagem urbana inclui: automóveis, motos, avenidas, diferentes edifícios, grandes praças, hipermercados etc. E a paisagem rural, por sua vez, conta com: árvores, montanhas, campos, tratores, fazendas, animais etc.

Como existem elementos comuns a ambas as paisagens, deixaremos que as crianças decidam por si mesmas a razão pela qual os colocam em uma ou outra paisagem.

Outras aplicações

As crianças podem desenvolver sua imaginação ao máximo para criar esses ambientes com os objetos que elas acreditarem oportunos (areia para as praças, barro para a paisagem rural, papel para o asfalto...).

52 Adivinhe os sons

EXPRESSÃO ARTÍSTICA

Objetivo: Reproduzir sons do ambiente com objetos cotidianos da sala.

Material: Objetos da sala.

Trabalha-se: Percepção e compreensão auditivas; elementos e materiais da linguagem musical.

Descrição

Brincando, as crianças tentam descobrir e diferenciar auditivamente os silêncios, os sons e algumas das qualidades desses sons produzidos por instrumentos ou pela voz do educador, para que elas cheguem a distinguir diferentes tipos de sons e a compreender a importância do silêncio de alguns momentos.

Desenvolvimento do jogo

Todas as crianças, de pé, buscam um lugar na sala, de onde começam a brincar.

Quietas e tapando-se os olhos com as mãos, elas devem escutar o ruído que soa. Repete-se o ruído quantas vezes forem necessárias, até que elas descubram o que é.

Quando as crianças descobrirem o som e sua procedência, todas correm pela sala até que a professora diga: "Ruído!" Nesse momento, elas param e, com os olhos tapados pelas mãos, voltam a escutar outro ruído e adivinhar o que é.

Inicialmente a professora produz o ruído; posteriormente pode ser uma criança.

Quanto aos ruídos, eles podem ser de diferentes naturezas: desde o ruído de um brinquedo, de uma porta que se fecha, até mesmo de um instrumento musical...

Outras aplicações

Uma vez adivinhada a procedência do ruído, podemos, para reforçar seu conhecimento, repeti-lo com as crianças, mas agora de olhos abertos, ou pedir que as próprias crianças reproduzam o referido som.

53 Sons divertidos

EXPRESSÃO ARTÍSTICA

Objetivo: Discriminar o ruído e o silêncio.

Material: Objetos da sala de aula, um pandeiro.

Trabalha-se: Percepção e compreensão auditivas; execução e expressão de qualidades e possibilidades do mundo sonoro.

Descrição

Aproveitando o próprio barulho que as crianças fazem na sala de aula, podemos apresentar o conceito de ruído. O ruído de cada classe é diferente. Por isso, para melhor diferenciá-lo, é preciso ouvi-lo atentamente.

Brincando, as crianças podem descobrir os ruídos que as cercam: ao mover uma cadeira, ao fechar uma porta, ao arrastar um carrinho pelo chão, ao deixar cair sobre a mesa os blocos lógicos etc.

Para ouvir o ruído, as crianças devem aprender a ficar caladas. O ideal é pedir que elas tapem a boca com as mãos e abram bem os ouvidos.

Desenvolvimento do jogo

Uma vez introduzidas nos conceitos de barulho e silêncio, pedimos às crianças que façam barulho, muito barulho, até ouvirem o som de um pandeiro. A partir de então, elas devem fazer silêncio.

Assim, momentos de barulho e de silêncio vão se alternando.

Quando as crianças estão em silêncio, é possível aproveitar para escutar e tentar identificar ruídos de fora da classe, do pátio, ou os ruídos da rua.

Outras aplicações

Também podemos lembrar às crianças que existem momentos em que se pode fazer barulho, mas momentos que requerem muito silêncio; por exemplo, para descansar, para poder escutar melhor o que a outra pessoa está dizendo etc.

54 A grande orquestra

EXPRESSÃO ARTÍSTICA

Objetivo: Reproduzir sons com objetos cotidianos.

Material: Música (escolhida pelo educador) e objetos cotidianos da sala.

Trabalha-se: Percepção e compreensão auditivas; exploração e expressão de qualidades e possibilidades do mundo sonoro.

Descrição

Além de continuar diferenciando auditivamente sons produzidos por instrumentos e objetos, as crianças se divertirão imitando e reproduzindo sons com objetos, podendo introduzir o conceito de ritmo quando a "orquestra" tocar.

Desenvolvimento do jogo

Montamos a orquestra com as crianças, que se colocam em duas fileiras formando uma espécie de meio círculo. Para os que não conhecem uma orquestra, podemos mostra-lhes uma fotografia ou um desenho.

Justamente no momento de começar a tocar, descobrimos que falta o mais importante: nenhuma criança tem instrumento. Para resolver o problema, quebramos o galho com os objetos que encontrarmos na sala. Assim, podemos usar duas caixas batendo uma na outra, dois lápis batendo um no outro, um papel fazendo barulho ao amassá-lo, dois pedaços de madeira chocando-se um contra o outro...

Uma vez montada a orquestra, cada criança mostra seu instrumento, diz como vai tocá-lo e, por fim, ela deve dar um nome ao seu instrumento.

Com os instrumentos em mãos, as crianças começam então a tocá-los segundo o ritmo da música que a professora tiver escolhido.

Outras aplicações

Quando as crianças já tiverem ouvido várias músicas e já tiverem alguma noção de ritmo, podemos deixar que elas toquem sozinhas, com seu instrumento, um trecho de uma música que elas conhecem.

55 Os instrumentos musicais

EXPRESSÃO ARTÍSTICA

Objetivo: Reproduzir sons com instrumentos musicais de percussão.

Material: Instrumentos variados, sobretudo de percussão.

Trabalha-se: Elementos e materiais de linguagem musical.

Descrição

Após termos diferenciado distintos tipos de sons, é chegado o momento de introduzir as crianças no mais agradável dos sons: a música. E uma parte muito importante da música é feita por instrumentos musicais, de modo que é importante que as crianças conheçam os principais, saibam como soam e como são tocados, e que elas mesmas o experimentem.

Desenvolvimento do jogo

Falamos às crianças sobre os instrumentos de percussão preparados para este jogo.

As crianças, sentadas no chão em círculo, observam os instrumentos que estão no centro. Cada uma delas escolhe o instrumento que mais lhe chamou a atenção. Ela então se aproxima do instrumento e ensina às demais como tocá-lo corretamente e como ele se chama.

Uma vez explicados todos os instrumentos, as crianças se agrupam de maneira a reunir todos os instrumentos que são iguais.

Podemos narrar a aventura de um grupo de animais, e sugerir que as crianças acompanhem os movimentos e os gestos do grupo com os instrumentos. Por exemplo, os pandeiros representando os ursinhos, os apitos representando os pássaros, os chocalhos representando o andar dos cavalos, e assim por diante.

Quando as crianças ouvirem o nome do animal que representam, elas devem imitar seus movimentos e, ao mesmo tempo, fazer soar o instrumento.

Outras aplicações

Também podemos pedir às crianças que, ao tocarem os instrumentos, simulem o ritmo do animal se movimentando ou se comunicando.

56 O baile das princesas e dos soldados

EXPRESSÃO ARTÍSTICA

Objetivo: Alternar distintos movimentos segundo o ritmo.

Material: Música de compasso binário (marcha) e ternário (valsa).

Trabalha-se: Execução, qualidades e possibilidades do mundo sonoro; respeito e sensibilidade pela expressão musical.

Descrição

Para discriminar entre os diferentes ritmos de música que nos rodeiam, podemos começar diferenciando os compassos binários e ternários. Isto se torna mais fácil mediante a representação dramática dos ritmos. Insistiremos para que as crianças se acostumem a escutar com atenção ao longo das atividades musicais.

Assim, representaremos o compasso ternário com uma valsa entre príncipes e princesas; o ritmo binário será representado por um desfile marcial de soldados, fazendo com que as crianças representem com o corpo e o movimento as qualidades dos sons que ouvem, acompanhando e marcando os ritmos musicais.

Desenvolvimento do jogo

Começa a música e, antes de se movimentar, cada criança, de pé e com os olhos fechados, escuta a música e pensa o que ela lhe sugere: Seria uma música de príncipes e fadas? Ou seria música de soldados e piratas que lutam no mar?

Uma vez interiorizado o ritmo, elas podem livremente movimentar-se na sala.

Enquanto dançam, seria muito útil perguntar às crianças os personagens que elas estão representando.

Outras aplicações

Também poderíamos juntar-nos ao baile, marcando o ritmo em voz alta; assim as crianças tentarão imitar-nos e aprenderão a movimentar-se segundo o compasso da música.

57 Somos moinhos

EXPRESSÃO ARTÍSTICA

Objetivo: Adaptar os movimentos corporais a ritmos prefixados.

Material: um pandeiro.

Trabalha-se: Execução e expressão de qualidades e possibilidades da música; respeito e sensibilidade pela expressão musical.

Descrição

Improvisando sons rítmicos com objetos ou instrumentos, faremos com que as crianças trabalhem a motricidade ao mesmo tempo em que vão incorporando o sentido do ritmo e se habituam a escutar com atenção, respeito e interesse.

Com nossa ajuda, as crianças se esforçarão para melhorar suas próprias possibilidades na hora de reproduzir sons e movimentar-se ao ouvi-los.

Desenvolvimento do jogo

Nessa brincadeira as crianças vão converter-se em moinhos com grandes hélices, movidas pelo vento.

Marcamos diferentes ritmos com o pandeiro ou com as mãos. As crianças devem acompanhar estes movimentos amplos de braços que podem ser: abrir e fechar amplamente os braços, balançá-los para cima e para baixo, erguê-los e abaixá-los, alternar movimentos grandes com os braços estendendo-os ou encolhendo-os.

Todos esses movimentos podem ser repetidos em uma sequência posterior com os pulsos ou com as mãos.

Outras aplicações

Podemos escolher uma criança para fazer o papel de líder, de maneira que as outras crianças o imitem, procurando mudar o líder depois de alguns momentos de glória, sempre velando para que as outras crianças respeitem e sigam a atuação do líder.

58 Conheço esse instrumento

EXPRESSÃO ARTÍSTICA

Objetivo: Reconhecer sons de diferentes instrumentos musicais.

Material: Instrumentos musicais.

Trabalha-se: Elementos e materiais da linguagem musical.

Descrição

A finalidade deste jogo é fazer com que as crianças comecem a conhecer alguns dos elementos e materiais próprios da linguagem musical, especialmente alguns instrumentos simples, dos quais devem aprender as qualidades dos sons produzidos, bem como ter uma ligeira ideia de como são tocados, e poder assim manuseá-los. Tudo isso para que, de uma maneira divertida, se introduzam no mundo da música e saibam apreciar os distintos tipos de música, ritmos diversos etc., e para que possam se divertir ouvindo diversas peças musicais.

Desenvolvimento do jogo

Sentadas no chão, em círculo, as crianças observam os diferentes instrumentos que vamos colocando no centro da sala.

Depois de falar um pouco de todos os instrumentos, de como soam e qual é seu nome, podemos começar a brincadeira.

Pedimos então às crianças que fechem os olhos. Fazemos soar um instrumento, enquanto elas escutam com atenção e em silêncio.

Cessado o som, elas podem abrir os olhos. Chamamos então uma criança para o instrumento que ela imaginou ter soado. Ela o toca então para verificar. Se ela acertar, todos aplaudem. Se ela errar, será incentivada por todos a fazer uma nova tentativa.

Outras aplicações

Ao tocarmos um instrumento, podemos nos colocar atrás de uma criança, a fim de que ela se sinta mais próxima do instrumento e a buscá-lo; assim todas aprendem a localizar a procedência dos sons.

4
ANOS

Introdução

As crianças de 4 anos de idade se esmeram, dia após dia, no controle de seu corpo. Com movimentos mais precisos e dominando os deslocamentos no espaço e no tempo, elas vão conseguindo grandes conquistas em seu desenvolvimento motor. Elas já podem saltar, manter o equilíbrio, evitar obstáculos, correr de um lado para o outro e medir suas forças.

Todos esses avanços no conhecimento de suas possibilidades motrizes vão se tornando uma realidade graças às oportunidades que lhes oferecemos diariamente através de jogos e experiências que as levarão a progredir e a adquirir novas habilidades.

Jogos para:

1) Compreender a importância de aplicar à suas vidas **hábitos** de saúde (conhecimento de elementos adequados de higiene), de ordem, de relação com os demais.

2) Organizar o espaço a partir dos objetos e do próprio corpo (o **espaço**: orientação e organização, simulação e imitação).

3) Reconhecer as partes do **esquema corporal** e sua utilidade (os cinco sentidos, as partes do corpo e suas funções).

4) Reconhecer as **propriedades dos objetos**, as qualidades que lhes faltam e classificar seu uso ou localização.

5) Agrupar elementos com uma característica comum, representar **formas** geométricas e realizar **séries** e **classificações**.

6) Reconhecer plantas, fenômenos meteorológicos e **climas**, assim como compreender a diversidade na alimentação dos animais e a importância do sol e da água.

7) **Comunicar-se de forma plástica** a fim de desenvolver a percepção auditiva e o ritmo sonoro, para desenvolver a motricidade fina dos dedos e aprender a integrar-se em atividades musicais de grupo.

59 O asseio

HÁBITOS

Objetivo: Alcançar hábitos elementares de higiene pessoal e usar os materiais adequados.

Material: Esponja, toalha, sabonete, escova e pasta de dentes, pente, cortador de unhas e desodorante.

Trabalha-se: Aplicação dos hábitos de autonomia pessoal, expressão corporal, imaginação e simulação.

Descrição

Vamos introduzindo a criança nos hábitos de limpeza e higiene pessoal, fazendo com que ela se dê conta da necessidade de ter as mãos limpas em determinadas situações, e que ela saiba utilizar corretamente os utensílios necessários para a higiene, reproduzindo, mediante um jogo simbólico, cenas cotidianas reais, para que ela adquira constância em aplicar esses hábitos diariamente.

Desenvolvimento do jogo

Sentados em círculo, começamos uma pequena conversa na qual convidamos nossos alunos a opinar sobre a importância de estar asseado, de comer sadiamente, de descansar e dormir suficientemente.

No centro do círculo temos uma caixa com material de higiene pessoal: um pente, uma escova de dentes, um tubo de pasta de dentes, desodorante, uma toalha, sabonete, uma esponja...

Iniciamos o jogo chamando uma criança e lhe pedimos que tire da caixa os objetos necessários para escovar os dentes, ou para se lavarem as mãos, ou para uma ducha antes de dormir, ou para pentear-se e perfumar-se etc.

Uma vez localizado o material, pedimos à criança que encene a situação e que diga o que ela está fazendo e como o faz. É muito importante também explicar o que aconteceria se a limpeza correta não fosse feita diariamente.

Outras aplicações

Ensinaremos também as crianças a consumir somente a água necessária, fechando a torneira quando não a estivermos usando e explicando a importância de agir dessa forma.

60 Os sapatinhos de João

HÁBITOS

Objetivo: Controlar movimentos finos de manipulação em atividades cotidianas.

Material: Sapatos que possam ser limpos com graxa incolor, escova, panos e graxa incolor.

Trabalha-se: Controle global e parcial do corpo; organização de atividades motrizes básicas.

Descrição

Aprendendo a limpar-se os sapatos, a criança também melhorará a coordenação parcial do corpo, aplicando simultaneamente movimentos e ações em atividades motrizes já conhecidas, usando com precisão instrumentos e materiais do cotidiano.

Desenvolvimento do jogo

Antes de começar o jogo pedimos às crianças que tirem os sapatos ou tênis e os deixem em um canto da sala.

Em seguida, sentadas, elas ouvem a seguinte história: "Era uma vez um menino chamado João. Ele vivia com seus meios-irmãos que, aliás, eram terríveis. Passavam o dia inteiro deitados na cama sem fazer nada ou vendo televisão. Enquanto isso, o pobre do João tinha de arrumar as camas, colocar a mesa, levar o cachorro para passear e tantas outras coisas. O que ele deve fazer hoje? Lustrar todos os sapatos que estão no canto da sala. Vamos ajudá-lo?"

As crianças buscam seus sapatos e se sentam em suas carteiras. Ali deve haver um trapo de tecido para cada criança e uma pasta de graxa de sapatos incolor para todas.

O educador começa o trabalho e em seguida as crianças imitam seus movimentos. Primeiramente colocamos um pouco de graxa no trapo e o seguramos com uma mão. A outra mão deve ser colocada dentro do sapato com firmeza. Agora, com o trapo, fazemos movimentos circulares para espalhar a graxa em toda a superfície do sapato. Em seguida, esfregando, damos brilho ao calçado.

Outras aplicações

Ao terminar, lembramos que as crianças não devem ser como os meios-irmãos de João, mas, em casa, devem ajudar em todas as tarefas cotidianas.

61 A caverna dos ursinhos

HÁBITOS

Objetivo: Reconhecer as distintas atividades da vida cotidiana e os comportamentos requeridos.

Material: Objetos ou brinquedos da sala.

Trabalha-se: Organização de atividades motrizes básicas; noções temporais.

Descrição

Para realizar as tarefas que lhes designaremos, as crianças deverão adotar uma postura correta em função do objeto que utilizam e da ação que vão efetuar, devendo empregar, com precisão, instrumentos de trabalho de uso cotidiano, aplicando noções de ordem e organização temporal em rotinas cotidianas.

Desenvolvimento do jogo

Antes de começar, situamos o jogo na caverna dos ursinhos. Mamãe ursa foi-se bosque afora em busca de mel, mas, antes de ir, ela pediu aos seus filhos que colocassem em ordem a caverna.

Uma das crianças é o irmão maior, e ele dá o ritmo às tarefas individuais ou coletivas que todos devem realizar, tanto dentro como fora da caverna.

Os ursinhos levam a cabo tarefas como limpar a poeira, varrer o chão, recolher os brinquedos, regar as plantas...

Enquanto isso, o irmão maior lhes inculca os comportamentos que devem acompanhar a realização desses trabalhos: ajudar-se uns aos outros; sempre pedir as coisas com educação; quando se confundirem, pedir perdão; ser agradecidos; esperar a vez; controlar a própria irritação; evitar chorar por coisas sem importância.

Outras aplicações

O papel de irmão maior pode ser atribuído a qualquer criança, e ela pode ser substituída quantas vezes forem oportunas ou necessárias.

62 Prazer em cumprimentar-te

HÁBITOS

Objetivo: Conhecer as normas elementares de convivência.

Material: Música (escolhida pelo professor).

Trabalha-se: Aceitação das normas de civismo; noção de identidade.

Descrição

É muito importante que a criança reconheça sua identidade, bem como a dos outros colegas, a partir de experiências motrizes, expressivas etc., reconhecendo seu nome e lembrando o dos companheiros de turma e o de outras pessoas da escola com as quais ela se relaciona. Tudo isto pode ser conseguido com este jogo de aplicação na vida cotidiana de algumas das principais normas sociais.

Desenvolvimento do jogo

Para iniciar as crianças nessa atividade, comentamos que hoje viemos até a escola caminhando pelas ruas; vimos coisas que nos entristeceram, como, por exemplo, que as pessoas não se cumprimentam mais, nem se desejam um bom-dia.

"Será que as crianças sabem o que devemos fazer quando encontramos um amigo na rua? Vamos ensinar as pessoas grandes a cumprimentar-se e a ser mais felizes?"

Nesse jogo, as crianças caminham pela sala escutando uma música tranquila e alegre. Quando a música para de tocar, cada criança se aproxima do coleguinha que está do seu lado, ambos se cumprimentam e se despedem desejando-se um bom-dia.

Outras aplicações

Este pode ser um bom jogo para os primeiros dias do curso, para que as crianças guardem os nomes de seus coleguinhas.

63 Que trabalho estou fazendo?

HÁBITOS

Objetivo: Descobrir novas profissões.

Material: Objetos cotidianos, brinquedos...

Trabalha-se: Valorização de elementos do quadro social; conhecimento de elementos que configuram o ambiente humano mais próximo.

Descrição

Faremos com que as crianças valorizem os diferentes tipos de trabalho, destacando a importância de cada uma delas quando trabalham direitinho, ajudando-as a conhecer o ambiente familiar e social próximo, identificando os lugares mais significativos do entorno habitual e alguns dos elementos que o configuram, reconhecendo alguns trabalhos relacionados com pessoas conhecidas e aplicando a denominação que os identifica.

Desenvolvimento do jogo

As crianças podem ficar sentadas em suas carteiras ou no chão formando um círculo.

O educador se coloca em um lugar de onde chamará, uma a uma, as crianças. No ouvido, sem que o resto da turma escute, lhe pedirá que imite uma pessoa que trabalha em uma profissão concreta. Com essa ideia a criança pode caracterizar-se, caso deseje, ou buscar algum utensílio necessário para a representação. Os outros devem adivinhar que tipo de trabalho está sendo imitado. Quem conseguir adivinhá-lo se aproximará do educador para receber sua ordem de trabalho.

Outras aplicações

Para responder, faremos com que as crianças levantem a mão e lhes daremos a palavra respeitando o turno que lhes corresponda.

64 O que estou dirigindo?

Objetivo: Identificar os meios de transporte.

Material: Nenhum.

Trabalha-se: Elementos do entorno humano próximo e suas características.

Descrição

Buscaremos fazer com que as crianças identifiquem alguns dos principais meios de transporte do entorno social onde vivem, explicando suas funções etc.

Desenvolvimento do jogo

As crianças podem ficar sentadas em suas carteiras ou, se preferirem, formar um círculo no chão. Escolhemos uma delas e lhe pedimos que se aproxime de onde estamos.

No ouvido, bem baixinho, lhe dizemos o nome de um meio de transporte. Pedimos-lhe então que vá até o centro da sala e tente encená-lo, ao mesmo tempo em que ela deve responder às perguntas dos coleguinhas.

As crianças tentam adivinhar que tipo de meio de transporte é encenado com perguntas como: "É grande?" "É pequeno?" "Tem motor?" "Tem muitas rodas?" "Voa ou navega?"

Quem conseguir adivinhar o nome do meio de transporte se desloca para perto do educador a fim de representar outro meio de locomoção.

Outras aplicações

Se quisermos complicar um pouco a brincadeira, aquele que apresenta o meio de locomoção só responderá sim ou não às perguntas dos coleguinhas, e, quando houver alguma confusão, o professor pode intervir e dar pistas.

65 Minhas festas

HÁBITOS

Objetivo: Descobrir as tradições culturais.

Material: Objetos, materiais e brinquedos da sala.

Trabalha-se: Aceitação de diferenças étnicas, culturais e sociais; respeito e valorização de elementos do contexto social.

Descrição

É uma boa ideia converter as festas locais ou nacionais (e até mesmo as festas de algum estrangeiro que porventura esteja na turma) em brincadeiras para as crianças.

Através dessa atividade lúdica podemos aproximar as crianças dos costumes típicos da cidade ou do país de onde elas procedem, buscando respeitar as tradições culturais próprias ou alheias.

Desenvolvimento do jogo

Explicamos às crianças que todas as festas são momentos de alegria e de diversão para todos os habitantes de determinado lugar. Quer sejam festas patronais ou religiosas, festas históricas ou políticas, de uma nacionalidade ou outras, todas têm pontos em comum para que possamos brincar.

Para celebrar uma festa, já explicada às crianças, nos vestiremos de forma adequada com fantasias, trajes típicos, enfeites... As crianças podem expressar verbalmente as diferenças que existem entre umas e outras, dramatizar um desfile, um baile típico etc. É divertido encarnar ficticiamente os personagens da festa e encenar sua história.

Outras aplicações

As celebrações podem ser um momento oportuno para decorar a sala, implicar os pais para que preparem comidas e trajes típicos etc.

66 Circulando pela cidade

HÁBITOS

Objetivo: Identificar e respeitar os sinais de trânsito.

Material: Cartazes com sinais de trânsito.

Trabalha-se: Educação para o trânsito.

Descrição

Alguns dos elementos que configuram o nosso ambiente humano são os sinais de trânsito. As crianças devem aprender a identificá-los, saber seu significado e aprender a respeitar as normas de circulação viária, em vista da própria segurança.

Desenvolvimento do jogo

Para brincar com o trânsito nós mesmos podemos confeccionar os sinais mais comuns, ou usar os sinais dos jogos de educação viária.

Escolheremos algumas crianças para que se coloquem no centro da sala com os sinais na mão e expliquem aos motoristas o que significam.

As outras crianças serão automóveis (duas crianças), motos (uma criança), táxis (três crianças), ou ônibus (quatro crianças agarradas pelos ombros).

Brincamos todos juntos, convertendo a turma inteira em uma cidade por onde se pode circular com cuidado e sempre respeitando os sinais.

Outras aplicações

Ao final, podemos perguntar onde, perto do colégio, existem sinais de trânsito como os que usamos, e sempre é bom lembrar às crianças a importância de respeitá-los.

67 O tesouro de Ali Babá

NOÇÕES ESPACIAIS E PSICOMOTRICIDADE

Objetivo: Adquirir habilidades motrizes novas; brincar em equipe.

Material: Tinta vermelha, mesas e argolas.

Trabalha-se: Controle global e parcial do corpo e do equilíbrio dinâmico.

Descrição

Com esta brincadeira as crianças perceberão que tudo sai melhor quando se trabalha em equipe, aprendendo a manter o equilíbrio dinâmico sobre diferentes materiais, percursos e situações, utilizando distintas posições.

Desenvolvimento do jogo

Encontramos o mapa de Ali Babá e o abrimos diante das crianças para que elas comprovem que existe no mapa um plano para a turma e uma mensagem que diz:

"Se queres conseguir o tesouro, deves buscá-lo com teus companheiros formando uma equipe".

Todos se preparam para encontrar o tesouro. Em voz alta, o educador vai lendo o mapa e indicando-lhes o que devem fazer.

Quando chegarem às pegadas dos índios peles-vermelhas (marcadas com tinta vermelha no chão), as crianças devem formar um trem e passar por cima delas, pisando exatamente dentro delas.

Ao encontrar a caverna do urso (mesas em fileira, uma ao lado da outra), as crianças, em fila, engatinhando e agarradas nos calcanhares da criança que está à frente, devem passar por baixo das mesas.

Por fim, na zona dos vulcões (argolas no chão formando uma fileira), as crianças têm de montar a cavalo e passar pelo caminho das argolas.

Enfim, elas chegam ao término do trajeto! É lá que se encontra o tesouro.

Outras aplicações

O tesouro pode ser, por exemplo, um boneco, que esconderemos dentro de uma caixa, ou qualquer outro tipo de brinquedo interessante para as crianças.

68 O escultor

NOÇÕES ESPACIAIS E PSICOMOTRICIDADE

Objetivo: Reconhecer posições no espaço.

Material: Três bonecos.

Trabalha-se: O espaço; orientação e organização.

Descrição

A criança trabalhará noções espaciais tão importantes como, por exemplo, próximo/distante, à frente/atrás, acima/abaixo, junto/separado, direita/esquerda etc., aprendendo a fixar-se detalhadamente em relação à posição de objetos ou pessoas.

Desenvolvimento do jogo

Com este jogo todas as crianças se converterão em grandes escultoras. Para tanto, elas terão de fazer com seus coleguinhas uma escultura igual à escultura dos três bonecos que lhes apresentamos.

Marcamos dois espaços na sala: em um deles colocamos os três bonecos; no espaço ao lado, ficarão uma criança escultora e mais três crianças servindo de bonecos.

Em seguida, colocamos os bonecos em diferentes posições. Por exemplo: o primeiro sentado em uma cadeira, o segundo de pé, bem ao lado do primeiro, e o terceiro deitado no chão, na frente do primeiro.

O escultor deve fixar-se bem na maneira como os bonecos estão colocados, pois ele deverá posicionar da mesma maneira seus companheiros.

As outras crianças animam o escultor e o corrigem se ele se confundir.

Terminada a escultura, todos aplaudem com força, e outro escultor faz o mesmo com outras três crianças-bonecos.

Outras aplicações

Para apresentar o jogo, podemos levar grandes fotos de esculturas famosas, de artistas universais, nacionais ou locais.

69 O passeio de Garbancita

NOÇÕES ESPACIAIS E PSICOMOTRICIDADE

Objetivo: Realizar deslocamentos no espaço.

Material: Bancos, cadeiras, argolas e mesas.

Trabalha-se: Expressão corporal, simulação e imitação.

Descrição

Imitando animais conhecidos, as crianças exploram suas capacidades motrizes de um modo divertido, aprendendo a mover-se de modos diversos, experimentando noções espaciais em situações distintas, ao mesmo tempo em que aprendem a seguir uma rota e a orientar-se e a deslocar-se.

Desenvolvimento do jogo

Contamos às crianças que no dia em que Garbancita foi fazer um passeio, ela se divertiu muito. Ela adora imitar os animais que vê pelo bosque. Perguntamos então às crianças: "Quem de vocês gostaria de se converter por um instante em Garbancita e dar um passeio pelo bosque?"

O trajeto do bosque deve estar preparado com antecedência: colocamos primeiro os bancos em fileiras, as argolas e as cadeiras formando caminhos tortuosos, e, por último, as mesas, uma atrás da outra.

Agora vamos brincar. Explicamos às crianças o que elas devem fazer para não se perderem pelo bosque: quando chegam aos bancos, elas se convertem em gambás que passam de quatro patas por sobre os bancos. Ao chegarem nas argolas, elas viram coelhos que vão pulando de argola em argola. Ao alcançar as cadeiras, elas se convertem em um rio que, deslizando pelo chão, serpenteia entre elas. Por fim, elas chegam às mesas, onde se tornam ratinhos que passam por debaixo de todas.

Outras aplicações

Podemos colocar fotos ou desenhos de animais e do rio junto aos obstáculos, ou escolher outros animais que considerarmos mais oportunos.

70 O reino das sereias

NOÇÕES ESPACIAIS E PSICOMOTRICIDADE

Objetivo: Realizar deslocamentos no espaço.

Material: Tiras de roupa, música clássica ou de relaxamento e colchonetes ou tapetes.

Trabalha-se: Descobrimento de outras possibilidades motoras.

Descrição

Com este jogo as crianças aprenderão a realizar distintos tipos de deslocamentos não habituais, controlando a coordenação dinâmica geral, o início e o final dos movimentos, assim como suas velocidades corporais etc.

Desenvolvimento do jogo

As crianças terão a oportunidade de converter-se em sereias e deslocar-se como elas pelos mares. Para tanto devemos transformar a sala em um reino marinho, dinamizando-o com uma música tranquila e suave que lembre o barulho do mar.

A primeira coisa que as crianças devem fazer é converter-se em sereias. "O que os humanos têm que as sereias não têm? Pernas?" Assim, as crianças não poderão se apoiar nas pernas.

Em colchonetes ou tapetes elas deverão se reconhecer sereias. Para tanto, não poderão andar, mas somente nadar.

Quando a música tocar, as crianças poderão sair de seu reino (colchonete) e arrastar-se, rodar e girar pela sala, lentamente, como se estivessem mergulhando mar afora.

Outras aplicações

Para introduzir a brincadeira, podemos nos servir da ilustração de uma sereia e inventar alguma história, tendo-a por protagonista.

71 O baile dos lenços

NOÇÕES ESPACIAIS E PSICOMOTRICIDADE

Objetivo: Coordenar os movimentos com um objeto no ar.

Material: Música e lenços.

Trabalha-se: Controle global e parcial do corpo; organização da lateralidade.

Descrição

O baile é uma estupenda maneira de fazer com que as crianças aprendam diversos tipos de movimentos, posturas etc., ao mesmo tempo em que vão controlando o equilíbrio dinâmico, assim como os movimentos com os olhos fechados, experimentando também, neste caso, o controle da respiração em atividades de movimento e de relaxamento.

Desenvolvimento do jogo

Distribuímos às crianças lenços, echarpes ou pedaços de roupa que tenhamos na sala de aula.

Vamos ensiná-las então a dançar com os lenços!

O educador e cada criança com seu lenço, ou algo similar, buscam um lugar na sala onde não esbarrem em ninguém e onde o lenço possa esvoaçar livremente.

No final, as crianças se deitam no chão, cobrem o rosto com seu lenço e dormem.

Outras aplicações

É muito importante que todos os movimentos realizados com uma mão sejam em seguida repetidos com a outra.

72 O baile das estrelas

NOÇÕES ESPACIAIS E PSICOMOTRICIDADE

Objetivo: Coordenar movimentos com um companheiro no espaço.

Material: Música e argolas.

Trabalha-se: Reprodução e combinação de posturas; coordenação dinâmica e geral.

Descrição

Com a ajuda de uma música de fundo, faremos com que as crianças realizem atividades dinâmicas que as auxiliarão a melhorar a coordenação, realizando distintos tipos de movimentos, mantendo distintas velocidades e orientações no deslocamento.

Desenvolvimento do jogo

Para motivar as crianças lhes perguntamos se alguma vez elas viram, durante a noite, alguma estrela dançando.

Formamos então duplas, que serão as estrelas, e as distribuímos pela sala. O educador, com uma argola na mão, lhes explica os movimentos a serem feitos.

Com música lenta de fundo, o jogo começa:

- com a argola no chão, as duplas dão voltas ao redor dela;
- com a argola no chão, uma estrela entra na argola, e, ao sair, a outra entra, e assim elas vão se revezando;
- com a argola no chão, a dupla de estrelas entra na argola, dança devagar, e depois sai;
- as estrelas agarram a argola;
- uma estrela pega a argola com suas mãos e alcança seu companheiro com ela. Depois, os papéis se invertem.

Outras aplicações

Podemos perguntar às crianças se elas conhecem alguma estrela e mostrar-lhes imagens do Sol, de alguma constelação etc.

73 A campainha

NOÇÕES ESPACIAIS E PSICOMOTRICIDADE

Objetivo: Desenvolver a orientação no espaço.

Material: Campainha e lenço.

Trabalha-se: Orientação e localização, bem como a lateralidade.

Descrição

Com o jogo da campainha, buscaremos desenvolver entre nossos alunos uma consolidação da coordenação espacial, um equilíbrio cada vez mais preciso, e a orientação do ouvido seguindo a procedência de um som.

Desenvolvimento do jogo

Escolhemos uma criança e lhe entregamos uma campainha, ou, na ausência desta, qualquer outro instrumento. Chamamos outra criança e lhe vendamos os olhos com um lenço.

As outras podem movimentar-se na sala, mas sem interromper nem obstaculizar os passos dados pela criança com os olhos vendados. Também é importante que não façam barulho para não a confundir. Somente poderão mover-se no espaço e em silêncio absoluto.

Começa o jogo quando a primeira criança faz soar a campainha pela sala, convidando o companheiro com os olhos vendados a acompanhá-la.

Quando o companheiro consegue alcançar a criança da campainha, ele tira o lenço dos olhos e assume a campainha. A brincadeira recomeça com a escolha de uma segunda criança cujos olhos serão vendados com o lenço.

Outras aplicações

Se julgarmos oportuno, podemos fazer com que a campainha não pare de tocar ou, se quisermos complicar um pouco o jogo, podemos permitir momentos de silêncio.

74 Os balões doidos

NOÇÕES ESPACIAIS E PSICOMOTRICIDADE

Objetivo: Controlar movimentos no espaço com diferentes partes do corpo.

Material: Música, giz.

Trabalha-se: Controle do equilíbrio, coordenação dinâmica e óculo-motriz.

Descrição

Neste jogo dinâmico a criança apresentará de uma forma natural a dinâmica da mão e do pé, ao mesmo tempo em que ela incrementa seu domínio motriz, sua coordenação óculo-manual e seu equilíbrio dinâmico, realizando esta atividade de combinação de movimentos em dupla.

Desenvolvimento do jogo

Antes de iniciar o jogo, devemos pintar no chão um grande círculo com giz. Dentro, colocamos metade das crianças, ao passo que as outras ficam fora. A postura correta para brincar com os balões doidos deve ser a seguinte: as crianças que estão dentro do círculo olham para fora, ao passo que as crianças que estão fora se colocam de frente para as de dentro, olhando-as nos olhos.

Usa-se um balão para cada criança que estiver dentro do círculo. Quando soa a música, elas lançam os balões para fora do círculo para que, imediatamente depois, seu coleguinha que está fora do círculo recoloque o balão para dentro.

Quando cessa a música, suspende-se a atividade para escutar as modificações que lhes sugerimos. Por exemplo: "Agora os balões só podem ser tocados com a cabeça, ou com o pé..."

Outras aplicações

Ao cessar a música, e para lembrar os números, podemos contar em voz alta quantos balões estão dentro do círculo e fora dele, para ver quem venceu.

75 Os soldadinhos de chumbo

NOÇÕES ESPACIAIS E PSICOMOTRICIDADE

Objetivo: Coordenar movimentos com companheiros no espaço.

Material: Música de marcha rítmica.

Trabalha-se: Controle postural; regulação e controle de ritmos.

Descrição

Neste jogo de imitação empregamos música marcial de compassos binários para que as crianças possam acompanhar sem problemas o ritmo do jogo, a fim de que, brincando, elas descubram e desenvolvam novas possibilidades motrizes, ao mesmo tempo em que potenciamos a realização de movimentos harmônicos, seguindo algumas instruções.

Desenvolvimento do jogo

Para iniciar o jogo, a música de fundo deve ser preparada de antemão. Explicamos então às crianças que a partir desse instante elas se transformam em inflamados e orgulhosos soldados, dispostos a desfilar pela sala.

Dividimos o grupo em dois batalhões: o primeiro se colocará no centro da sala para formar uma fila, segurando-se pelos ombros; enquanto isso, o segundo batalhão aguarda um instante para entrar em cena.

Ouvindo a música, o primeiro grupo de soldadinhos inicia o desfile, zelando para que a formação não se desfaça.

Logo em seguida, sem que o primeiro batalhão pare, pediremos ao segundo grupo que faça o mesmo. O mais importante neste jogo é que as filas não se quebrem e que as crianças não parem, tampouco se cruzem entre si.

Outras aplicações

Podemos completar o desfile com uma cantiga que se adapte ao ritmo da música.

76 A sombra de Peter Pan

O CORPO HUMANO

Objetivo: Explorar o corpo do outro e observar as diferenças e semelhanças.

Material: Nenhum.

Trabalha-se: Descobrimento de si mesmo.

Descrição

A sombra é uma parte inseparável de nós mesmos, bem como de todos os objetos. Brincar com ela, olhar como ela se movimenta, persegui-la etc. sempre atraiu grandemente as crianças, que desta maneira aprendem a identificar formas fixas ou em movimento.

Desenvolvimento do jogo

Antes de começar a brincadeira, contamos a aventura protagonizada por Peter Pan enquanto tentava agarrar a própria sombra. Dividimos então a turma em dois grupos: a metade das crianças será Peter Pan, a outra metade, sua sombra.

Quando dermos o sinal, uma criança-Peter Pan escolhe uma criança-sombra e, ao alcançá-la, a "costura" em seu corpo para que não volte a escapar.

Temos de averiguar se as sombras estão em perfeito estado, e isso significa que elas devem realizar os mesmos movimentos feitos pela criança-Peter Pan. Esta mexe a cabeça, o pescoço, as pernas, os tornozelos, os pés, os braços, as mãos e, por fim, os dedos. A sombra tem de repetir os mesmos movimentos.

Quando o grupo-Peter Pan termina de brincar com o grupo-sombras, os papéis se invertem e o jogo recomeça.

Outras aplicações

Antes de iniciar o jogo, podemos falar-lhes do mundo das sombras com a ajuda de uma lanterna ou de uma lâmpada.

77 Os sentidos

Objetivo: Identificar os órgãos dos sentidos, localizá-los no corpo e reconhecer as percepções obtidas a partir deles.

Material: Argolas, brinquedos, objetos da sala de aula, estampas, recortes de revistas, desenhos...

Trabalha-se: Observação e exploração das necessidades e possibilidades próprias.

Descrição

Antes de começar as atividades, as crianças devem conhecer os sentidos, as partes do corpo onde eles se localizam e as sensações que o cheirar, o ver, o tocar, o ouvir e o degustar produzem. Pouco a pouco, convém que as crianças aprendam a descobrir as múltiplas possibilidades de conhecimento que elas são capazes de obter através dos sentidos. Este jogo ajuda a desenvolver nelas estas possibilidades.

Desenvolvimento do jogo

De um lado da sala colocamos cinco argolas em fileira (uma por equipe e por sentido). Dentro de cada argola colocamos um cartão com a parte do corpo onde se encontra o sentido (nariz, olho, orelha e boca).

Em outro lugar da sala colocamos um baú ou uma grande caixa com objetos da sala de aula: recortes, desenhos ou brinquedos relacionados com os sentidos (comidas, blocos lógicos, instrumentos musicais, objetos de diferentes texturas, flores de plástico...).

Formamos cinco grupos. A cada grupo atribuímos um sentido (olfato, visão, tato, audição e paladar) e o encarregamos de encontrar a argola que lhe corresponde.

Quando o sinal tocar, as crianças devem sair em busca de objetos ou desenhos que representam algo que possa ser cheirado, saboreado, tocado, visto ou ouvido.

Outras aplicações

No final do jogo as crianças podem expressar oralmente qual dos sentidos mais as impressionaram e a razão pela qual elas escolheram os objetos que depositaram dentro da argola.

78 As "cosquinhas"

Objetivo: Reconhecer o corpo humano por partes.

Material: Nenhum.

Trabalha-se: Reconhecimento de sensações produzidas pelas "cosquinhas" e onde elas se localizam em nosso corpo.

Descrição

Este jogo é um dos mais simples e talvez um dos mais divertidos que podemos propor. Consistindo em fazer "cosquinhas" no outro, ele não é somente útil para cumprir o objetivo curricular descrito, mas também para facilitar às crianças mais tímidas uma maior aproximação de seus companheiros.

Desenvolvimento do jogo

Podemos reunir nossos alunos em um lugar da sala que tenha um espaço livre, sem obstáculos por perto, ou no pátio da escola.

Em seguida colocamos as crianças em duplas e, por turnos, elas têm de fazer leves "cosquinhas" no companheiro, exatamente na parte do corpo que indicarmos (na barriga, nas axilas, debaixo do queixo etc.).

O desafio é ver quem fica mais tempo sem rir!

Outras aplicações

Podemos produzir um efeito similar fazendo com que as crianças façam rir seu companheiro simplesmente gesticulando ou imitando alguém etc.

79 As silhuetas

O CORPO HUMANO

Objetivo: Identificar o corpo humano globalmente.

Material: Papel-contínuo ou de embrulho e lápis de cera coloridos.

Trabalha-se: Exploração de materiais e objetos e suas sensações e percepções.

Descrição

As crianças dessa idade já sabem o que é riscar o contorno de um objeto para conseguir sua silhueta; agora faremos com que elas pintem e completem sua própria figura. Assim elas vão se familiarizando um pouco mais com o próprio corpo e verão as diferenças que existem entre elas e as outras crianças. Tudo isso em um ambiente lúdico que as ajudará a conhecer e a aceitar a diversidade das pessoas.

Desenvolvimento do jogo

Todos se sentam no chão. No centro da sala colocamos o papel-contínuo ou de embrulho.

Uma a uma, as crianças se deitam de costas sobre um pedaço de papel; e o educador risca um lado da silhueta de seu corpo com um lápis de cera grosso. Feito isso, a criança se levanta e procura um lugar para completar a própria silhueta.

Quando terminar a figura, ela pode pintá-la, colando pedaços de papel, lã, adesivos, massa de modelar, legumes etc.; tudo é permitido para enfeitar cada uma das partes do corpo.

Se não existir a possibilidade de pintar a silhueta de cada criança, podemos desenhar a metade da nossa e juntos terminarmos de confeccioná-la e enfeitá-la.

Outras aplicações

Para pintar as figuras, podemos pedir às crianças que o façam com as mesmas cores da roupa que estão vestidas naquele momento, a fim de identificar as cores.

80 Serve para...

O CORPO HUMANO

Objetivo: Relacionar as partes do corpo humano com a função que desempenham.

Material: Música e lenços para vendar os olhos.

Trabalha-se: Observação e exploração das necessidades básicas do próprio corpo.

Descrição

É fundamental que a criança vá conhecendo cada vez mais seu próprio corpo e suas necessidades, o que a ajudará a cuidá-lo e a respeitá-lo, ao mesmo tempo em que compreenderá a necessidade de manter os hábitos de higiene e de saúde que aos poucos lhe explicamos.

Desenvolvimento do jogo

Formamos um círculo com todas as crianças no chão, todas olhando para o centro.

Para começar, escolhemos uma criança para que saia do círculo. Vendamos-lhe os olhos com um lenço para que, sem ver nada, adivinhe a parte do corpo que um de seus companheiros descreve, informando a função que ela desempenha.

Quando a música começa a tocar, um objeto vai passando de mãos em mãos em sentido horário até a música parar. Nesse instante, a criança que estiver com o objeto na mão se levanta e se dirige ao companheiro que tem os olhos vendados e lhe diz: "Estou apontando para uma parte do meu corpo que serve para... Sabes qual é?"

Devemos prestar toda a ajuda necessária à criança com os olhos vendados a fim de que ela adivinhe a parte em questão. Uma vez adivinhada, invertem-se os papéis, e o jogo continua.

Outras aplicações

A criança dos olhos vendados, ao adivinhar a parte do corpo, deve apontar nela mesma onde essa parte se encontra, para, dessa forma, reforçar sua memória.

81 O ouvido

Objetivo: Explorar e identificar as propriedades dos objetos por meio do sentido da audição.

Material: Sons gravados ou sons da natureza.

Trabalha-se: Conhecimento do sentido do ouvido e suas possibilidades.

Descrição

O sentido do ouvido muitas vezes é considerado menos importante do que os outros, como o da visão, entretanto, com este jogo faremos com que as crianças descubram sua importância na vida cotidiana e percebam sua utilidade e possibilidades em nível sensorial.

Desenvolvimento do jogo

O jogo propõe um passeio pela sala. As crianças devem caminhar até ouvirem um som. Neste momento, elas ouvirão com atenção a procedência e a natureza daquilo que ouvem; por exemplo, o barulho dos automóveis ou o som de buzinas.

Pediremos então que elas nos expliquem se o som se distancia ou se aproxima, se soa fora ou dentro da escola...

Também podemos brincar com o material da sala de aula para reproduzir diferentes sons, por exemplo, com diferentes instrumentos musicais. Ao ouvi-los, as crianças podem explicar se o som é forte ou fraco, se vem de um instrumento de madeira ou de metal, se é suave ou estridente.

Outras aplicações

Para que as crianças aprendam a escutar com atenção, podemos pedir-lhes que fechem os olhos para se concentrarem melhor naquilo que ouvem.

82 O olfato

Objetivo: Explorar e identificar as propriedades dos objetos por meio do sentido do olfato.

Material: Frascos, água, frutas, essência de perfume (colônia), alho, vinagre.

Trabalha-se: Conhecimento do sentido do olfato.

Descrição

Com este jogo vamos propor às crianças que fabriquem diferentes odores para em seguida brincar com eles, a fim de descobrirem a importância do olfato, de identificarem diferentes elementos conhecidos e para que aprendam a tirar proveito desse sentido na vida cotidiana.

Desenvolvimento do jogo

As crianças fabricam odores misturando ingredientes com água e engarrafando-os em frascos que trouxeram de suas casas. Por exemplo: um frasco com água e frutas cítricas (laranja, limão ou tangerina), outro com água e alho, outro com água e vinagre, e outro com água e essência de perfume (lavanda, rosas, baunilha etc.).

Quando tivermos todos os perfumes prontos, brincamos de adivinhar, com os olhos vendados com um lenço, as características do odor de cada frasco: se é forte, suave, agradável, desagradável etc., e com que ingredientes ele foi fabricado.

Outras aplicações

Este jogo será também uma boa ocasião para rever o nome de algumas frutas etc.

83 O tato

Objetivo: Explorar e identificar as propriedades dos objetos por meio do sentido do tato.

Material: Uma caixa grande, objetos e brinquedos da sala de aula.

Trabalha-se: Reconhecimento de objetos por meio do tato.

Descrição

Pela exploração tátil de materiais e objetos, as crianças aprenderão a reconhecer elementos somente com esse sentido, cuja importância deve ser explicada, visto que às vezes este é o principal sentido que utilizamos para reconhecer os objetos e suas características (p. ex., quando estamos no escuro), o que as levará a descobrir novas possibilidades perceptivas de seu próprio corpo.

Desenvolvimento do jogo

Para realizar este jogo do tato precisamos de uma caixa grande com duas aberturas na parte superior.

Nesta caixa encontraremos objetos ou brinquedos com os quais as crianças estão familiarizadas.

De uma em uma as crianças se aproximam da caixa. A primeira coloca as mãos pelos orifícios. Sem retirá-las, ela escolhe um brinquedo e o toca. Ela explica ao resto da turma se o objeto que manuseia é grosso ou fino, pesado ou leve, rugoso ou liso, grande ou pequeno. Quando a turma adivinhar do que se trata, a criança o tira da caixa para mostrar que é exatamente o objeto adivinhado.

Outras aplicações

Quando tiver tirado o brinquedo da caixa e depois de comprovar se a identificação foi correta, pediremos à criança que estava com as mãos na caixa que o guarde em seu lugar de costume na sala.

84 A irritação do ogro

O CORPO HUMANO

Objetivo: Experimentar o contraste entre tensão e relaxamento.

Material: Música (escolhida pelo educador).

Trabalha-se: Esforço por vencer dificuldades superáveis; comportamento cívico.

Descrição

As crianças devem aprender a conviver com os outros, o que nem sempre é fácil, pois às vezes surgem situações conflituosas que devem ser revolvidas de forma positiva para todos. Com este jogo elas verão que irritar-se faz com que as coisas piorem, visto que a irritação geralmente leva a agir com precipitação e agitação. Assim, é aconselhável não se irritar nem aborrecer os outros para que as coisas funcionem bem para todos.

Desenvolvimento do jogo

Reunimos todas as crianças em um círculo, colocamos uma música com som bem alto e começamos a falar com muita irritação e nervosamente. De alguma maneira nos tornamos ogros mal-humorados, provocando aborrecimentos.

Pedimos então às crianças que adotem uma atitude tensa, apertando com força os punhos, franzindo a testa, pisando forte e rápido no chão.

De repente, paramos e pensamos que seria melhor relaxarmos. Colocamos então uma música suave, abrimos os punhos, mostramos um semblante mais alegre e descontraído, passeamos lentamente pela sala, cumprimentamos nossos amigos...

Para finalizar, deitamos no chão de barriga para cima. Nesse instante podemos recordar a tensão que tínhamos quando éramos ogros mal-humorados e a leveza que agora estamos experimentando.

Outras aplicações

Podemos ensinar truques de relaxamento para as crianças, como, por exemplo, quando estamos muito irritados, contar até dez antes de tomar qualquer atitude etc.

85 Os mineiros

PROPRIEDADES DOS OBJETOS

Objetivo: Observar a ação direta sobre os objetos.

Material: Pedras pequenas duras e brancas, minerais, caixas, pratos de plástico, escovão, martelo e jarro com água.

Trabalha-se: Observação e exploração direta de qualidades perceptíveis com os sentidos de alguns elementos naturais de nosso entorno.

Descrição

Buscamos fazer com que as crianças aos poucos identifiquem, a partir do contato direto, as qualidades perceptíveis de alguns elementos do mundo natural.

Desenvolvimento do jogo

Saímos para fora da sala fingindo ser mineiros em busca de minerais de distintos tamanhos, durezas e formas.

Quando tivermos as caixas cheias de pedras, voltamos para a sala a fim de fazer experiências com elas e descobrir suas propriedades.

Sentada na cadeira, cada criança à sua mesa, deposita as pedras em um prato de plástico. Sobre as mesas há um martelo (que deve ser usado sob a supervisão de um adulto), um escovão e uma jarra com água para todos.

O jogo permite manusear diretamente esses objetos e descobrir as qualidades e os resultados obtidos depois de fazer experiências com eles.

Assim, por exemplo, distinguem-se as pedras que podem ser facilmente quebradas com o martelo, as que perdem areia ao serem escovadas, as que se dissolvem na água por tratar-se de argila, ou outras qualidades.

Outras aplicações

Podemos recolher as pedras em alguma excursão realizada com esse ou outro grupo, explicando suas utilidades ao recolhê-las.

86 Flutua ou não flutua

PROPRIEDADES DOS OBJETOS

Objetivo: Explorar diretamente as propriedades dos objetos.

Material: Duas bacias grandes, duas argolas e materiais cotidianos.

Trabalha-se: Observação e exploração direta de qualidades de elementos do mundo natural ou humano.

Descrição

Ao verificar quais objetos flutuam ou não flutuam, as crianças conhecerão um pouco melhor esse meio e suas características, através da observação direta da causa-efeito produzida pela interação de elementos com a água.

Desenvolvimento do jogo

Este jogo pode ser realizado dentro da sala ou no pátio, aproveitando, por exemplo, um dia de calor.

Dividiremos as crianças em duas equipes que realizarão a experimentação de maneira paralela e ordenada.

Preparamos então duas bacias grandes cheias d'água. Ao lado, colocamos diferentes objetos que podem ser encontrados na sala de aula ou em casa (rolhas de garrafas, bolinhas pequenas, lápis, copos, algodão etc.).

Não muito distante, colocamos duas argolas grandes: uma delas com a etiqueta "flutua", e a outra com a etiqueta "não flutua". O jogo começa com a verificação dos objetos: cada criança coloca um objeto na água, tira sua conclusão e o deposita dentro da argola correspondente.

Outras aplicações

Além de identificar os materiais que flutuam ou não, devemos enriquecer esta experiência aumentando o vocabulário e oferecendo oportunidades de expressão oral.

87 Voa ou não voa

PROPRIEDADES DOS OBJETOS

Objetivo: Explorar diretamente os objetos.

Material: Objetos diversos, leque ou ventilador e duas argolas.

Trabalha-se: Observação e exploração direta de qualidades de elementos do mundo natural e humano.

Descrição

A ideia de voar sempre fascinou o ser humano; com este jogo introduziremos as crianças de uma maneira muito simples nas características e qualidades físicas que fazem com que os elementos de nosso entorno próximo voem ou não no ar, chegando a construir mecanismos simples que voem a partir de materiais que temos em mãos.

Disporemos igualmente de duas argolas: uma com a etiqueta "voa" e outra com a etiqueta "não voa".

Cada criança escolhe um dos muitos objetos selecionados e expostos na sala: papéis, folhas de árvores, penas, areia grossa, estatuetas...

As demais crianças podem se colocar em um lugar da sala de onde possam observar se os objetos de seus companheiros voam ou não.

Uma a uma e em ordem, as crianças vão se aproximando do ventilador e, diante do vento que sopra, lançam o objeto escolhido.

Todos observam se o objeto voa ou não. A criança expressa em voz alta a conclusão obtida e coloca seu objeto dentro da argola correspondente.

Outras aplicações

Também seria muito divertido construir e lançar aviõezinhos de papel.

88 Que não seja...

PROPRIEDADES DOS OBJETOS

Objetivo: Reconhecer as qualidades ausentes dos objetos.

Material: Objetos e brinquedos da sala.

Trabalha-se: Identificar elementos por suas características e por comparação.

Descrição

Com este jogo faremos com que as crianças possam identificar os objetos tanto pelas características que possuem como pelas características que não possuem, aplicando a denominação correta aos elementos escolhidos e descobrindo algumas de suas características morfológicas principais.

Desenvolvimento do jogo

Para brincar, escolhemos uma criança, pedimos-lhe que busque, por exemplo, entre todos os objetos da sala, e inclusive entre seus companheiros, as seguintes qualidades:

- escolher um objeto que não seja redondo;
- encontrar um objeto que não sirva para assear-se;
- escolher uma criança que não seja ruiva;
- escolher um elemento que não seja feito de madeira;
- encontrar um companheiro que não se chame Antônio.

Outras aplicações

Podemos perguntar à criança por que ela escolheu esse objeto ou pessoa, para que nos diga quais características tem e quais ela não tem.

89 Animal ou pessoa

PROPRIEDADES DOS OBJETOS

Objetivo: Agrupar objetos atendendo a uma indicação determinada.

Material: Objetos, brinquedos, folhas de papel e argolas.

Trabalha-se: Agrupamento de elementos por categorias.

Descrição

Com este tipo de brincadeira podemos enriquecer o conceito de classificação dos objetos em relação ao agrupamento, isto é, pediremos às crianças que, atendendo a algumas características principais, escolham objetos e os coloquem juntos.

Desenvolvimento do jogo

Vamos brincar de formar conjuntos!

Antes de começar a atividade formamos duas equipes: a primeira deve procurar pela sala objetos que estejam relacionados com os animais, e a segunda deve encontrar elementos relacionados ao corpo humano.

Quando todos tiverem em suas mãos um objeto com as características requeridas, devem colocá-lo no conjunto correspondente.

Esses conjuntos serão representados por duas grandes argolas: uma contendo o desenho de um animal e a outra contendo o desenho de uma criança.

Outras aplicações

No final, passaremos em revista os objetos selecionados e recordaremos seu nome, suas características, sua utilidade etc.

90 As miniaturas

PROPRIEDADES DOS OBJETOS

Objetivo: Classificar elementos por sua localização.

Material: Miniaturas de uma cidade ou maquetes com desenhos de casas, móveis, árvores etc.

Trabalha-se: Comparar e agrupar elementos segundo algumas características em função de categorias universais mais comuns.

Descrição

Com a observação direta das qualidades e das características morfológicas e funcionais de alguns elementos do mundo natural e social, trabalharemos o conhecimento da organização e as características da vida humana em relação à própria casa, aos lugares mais próximos e aos elementos que integram o nosso ambiente social.

Desenvolvimento do jogo

Brincamos de classificar maquetes ou brinquedos. O critério que podemos seguir diz respeito à sua localização na rua ou em casa. Para tanto devemos construir primeiro esses dois ambientes utilizando blocos de construção, caixas, almofadas...

Mostraremos às crianças uma caixa com miniaturas ou maquetes de casas, mobiliário, automóveis, pessoas, árvores etc., e lhes pediremos que completem o ambiente construído.

É preciso prestar muita atenção para não confundir os elementos. Por exemplo: construir a rua com automóveis, pedestres, lojas, edifícios, semáforos... e construir a casa com salas, camas, armários, cadeiras, mesas, entre outros objetos.

Outras aplicações

No final do jogo podemos discutir a razão pela qual colocamos isto ou aquilo neste ou naquele lugar, pedindo enfim ajuda a todos para que guardem os objetos usados em seus devidos lugares.

91 Os porquinhos e o lobo

PROPRIEDADES DOS OBJETOS

Objetivo: Classificar objetos por seu uso.

Material: Objetos, maquetes e brinquedos da sala de aula.

Trabalha-se: Conhecimento da organização da vida humana.

Descrição

Este jogo nos servirá para aprofundar o conhecimento e a identificação de elementos do ambiente familiar e social mais próximo, relacionados com a alimentação e com as atividades lúdicas.

Desenvolvimento do jogo

Para começar a brincadeira dividiremos a turma em quatro equipes.

A primeira equipe fingirá ser um porquinho pequeno, que gosta muito de limpeza. Seu objetivo é encontrar objetos que lhes sirvam para limpar. A segunda equipe representará um porquinho mediano, que gosta muito de brincar. Seu objetivo é encontrar coisas para divertir-se. A terceira equipe representará um porquinho grande, que gosta muito de comer. Seu objetivo é conseguir objetos relacionados à comida. A quarta equipe representará o lobo, e terá de evitar que os porquinhos cheguem até onde se encontra o pai dos porquinhos.

Outras aplicações

Se as crianças não a conhecem, e para ambientar o jogo, antes de começar podemos contar-lhes a história dos três porquinhos.

92 O mais rápido

CORES, NÚMEROS E FORMAS

Objetivo: Desenvolver a percepção tátil e o reconhecimento de formas.

Material: Duas bolsas ou duas caixas e blocos lógicos.

Trabalha-se: Observação e manipulação de objetos e materiais; comparação de tamanhos, formas e medidas.

Descrição

Através da manipulação dos objetos faremos com que a criança descubra seus aspectos qualitativos baseando-se na comparação de objetos de características diversas, fazendo com que ela reconheça pelo tato figuras geométricas, tamanhos e texturas.

Desenvolvimento do jogo

Com as crianças sentadas no chão em forma de círculo, mostramos-lhes os blocos lógicos (peças de madeira ou de plástico em forma de triângulo, retângulo ou quadrado). Existem figuras grandes e figuras pequenas, e de texturas diferentes: rugosa ou lisa.

Para se familiarizarem com essas peças, primeiramente deixamos as crianças manuseá-las e tocá-las.

A brincadeira começa escolhendo aleatoriamente duas crianças e colocando-as no centro do círculo. Damos a cada uma delas uma bolsa ou uma caixa onde estão guardados os blocos. O desafio é ver quem é mais rápido!

Sem tirar a mão de dentro da bolsa ou da caixa, e sem olhar, fazemos uma série de desafios, como, por exemplo: "Quem é o primeiro a tirar um objeto quadrado?" "Uma peça grande?" "Um triângulo?" Em seguida as crianças se revezam até que todas tenham participado da brincadeira.

Outras aplicações

Enquanto as crianças manuseiam as peças às escuras, elas podem dizer seu tamanho, sua forma e sua textura, a fim de provar que conhecem os conceitos com os quais trabalham.

93 A locomotiva

CORES, NÚMEROS E FORMAS

Objetivo: Compor um objeto a partir de peças soltas.

Material: Blocos lógicos.

Trabalha-se: Observação das qualidades perceptíveis dos objetos a partir da manipulação direta.

Descrição

A criança, seguindo algumas instruções, deverá reconhecer alguns atributos dos blocos lógicos para realizar a construção de um objeto que já conhece (locomotiva), ao mesmo tempo em que abrimos caminho para que posteriormente ela mesma possa montar e desmontar outros objetos.

Desenvolvimento do jogo

Dividiremos entre as crianças os blocos lógicos de diferentes tamanhos e cores.

Para brincar pedimos aos nossos alunos que manuseiem e verifiquem as peças que lhes entregamos, visto que eles devem construir uma locomotiva.

Todas as crianças, sentadas no chão, devem seguir nossas indicações.

Para construir uma locomotiva deve-se procurar um retângulo; para a chaminé, um triângulo e colocá-lo em cima do retângulo; para as rodas, devemos encontrar peças redondas e colocá-las debaixo do retângulo...

Se as crianças selecionam os blocos lógicos adequados e os colocam como o indicamos, obterão uma divertida locomotiva para brincar na sala.

Outras aplicações

Que outras construções serão capazes de inventar as crianças com os blocos lógicos que lhes indicamos, depois de verem como eles podem ser usados?

94 Minha cor preferida

CORES, NÚMEROS E FORMAS

Objetivo: Discriminar visualmente em função da cor dos objetos.

Material: Objetos da sala, brinquedos e maquetes.

Trabalha-se: Reconhecimento das cores e agrupamento dos elementos.

Descrição

Através da observação e do manuseio de objetos da sala, as crianças aprenderão a reconhecer as cores, identificando e agrupando elementos que tenham um mesmo atributo, nesse caso a cor.

Desenvolvimento do jogo

Todas as crianças se sentam no chão formando um círculo.

Pedimos então que, uma a uma, cada criança se dirija ao centro e escolha um dos objetos expostos.

Quando todas tiverem escolhido o objeto, devem explicar aos companheiros de que cor ele é e se existem outros da mesma cor na sala.

Para animar a brincadeira, quando todas as crianças tiverem explicado como é seu objeto, lhes pediremos que fiquem muito atentas, porque, quando ouvirem um determinado sinal, deverão correr pela sala e, com seu objeto, tocar outro elemento da mesma cor que encontrarem em seu entorno.

Outras aplicações

Também podemos pedir às crianças que se agrupem segundo as cores de seus objetos, ou as que tiverem objetos azuis que persigam as demais etc.

95 Cidades com formas

CORES, NÚMEROS E FORMAS

Objetivo: Discriminar visualmente em função da forma dos objetos.

Material: Maquetes de casas, blocos lógicos e caixas de papelão.

Trabalha-se: Agrupamento de elementos por uma característica comum.

Descrição

Continuamos trabalhando o conhecimento de formas geométricas (triângulo, quadrado e círculo), assim como o agrupamento de elementos em função de sua forma, identificando semelhanças e diferenças nos objetos a partir de um referencial.

Desenvolvimento do jogo

Todas as crianças, sentadas, formam um círculo. No centro, colocamos blocos lógicos, blocos de construção de casas e caixas de diferentes formas.

A brincadeira consiste em construir com as crianças três cidades paralelamente. Para tanto, formamos três grupos: o primeiro deve construir a cidade dos triângulos; o segundo, a cidade dos quadrados; e o terceiro, a cidade dos círculos.

Depois de explicarmos a brincadeira, vamos ao centro para selecionar as peças e começarmos a construir nossas cidades, sem equivocar-nos nas formas.

Outras aplicações

Este jogo também serve para observar como as equipes se organizam e intervir, caso seja necessário, para que todos participem ativamente.

96 As fogueiras

CORES, NÚMEROS E FORMAS

Objetivo: Classificar e agrupar objetos por sua forma.

Material: Objetos da sala de aula e maquiagem.

Trabalha-se: Relações qualitativas por semelhança ou diferença.

Descrição

Este jogo nos ajudará a iniciar as crianças nos agrupamentos de objetos e de elementos manuseáveis sob o aspecto qualitativo (sua forma) a partir de uma referência que lhes indicarmos.

Desenvolvimento do jogo

Vamos nos converter na tribo dos "triângulos", na tribo dos "retângulos" e na tribo dos "losangos".

Para reconhecer cada um dos índios, e para que eles não se esqueçam da tribo a que pertencem, pintar-lhes-emos a figura que os identifica na palma da mão.

Começa a brincadeira, e os respectivos grupos de índios devem reunir seus objetos para posteriormente depositá-los em suas fogueiras e, enfim, poder dançar a grande dança dos caras-pintadas.

A tribo dos retângulos procurará entre os objetos que a cerca coisas em forma de retângulo. As demais tribos, igualmente, buscarão suas respectivas formas.

Quando o educador julgar oportuno, poderá finalizar a brincadeira. Cada tribo depositará então em sua fogueira (mesa) os objetos encontrados, e seus membros passarão a justificar a razão pela qual escolheram tais objetos e não outros. No final, todos juntos dançam a grande dança dos caras-pintadas ao redor da fogueira.

Outras aplicações

Posteriormente podemos complicar um pouco a brincadeira pedindo que busquem objetos que reúnam duas características (redondos e azuis, p. ex.).

97 As séries

CORES, NÚMEROS
E FORMAS

Objetivo: Formar séries em função da forma dos objetos.

Material: Objetos e brinquedos da sala de aula.

Trabalha-se: Variações de até dois elementos.

Descrição

As crianças deverão continuar uma série iniciada pelo educador na qual, por ora, se alterna um atributo, empregando no máximo dois elementos. Posteriormente podemos introduzir brincadeiras com séries mais complicadas.

Desenvolvimento do jogo

Com as crianças sentadas em círculo, explicaremos como seriar objetos.

Mostramos-lhes uma série formada, por exemplo, com lápis e tesouras colocados alternadamente.

Para brincar com as séries, o educador começa colocando um objeto, em seguida outro, e assim sucessivamente, até esgotar os objetos disponíveis. Em seguida ele convida as crianças a participarem do exercício.

Para facilitar a brincadeira, podemos começar alguns modelos e pedir-lhes que os completem. Assim fica mais fácil manter a ordem, possibilitar a participação de todas as crianças e, eventualmente, corrigi-las, caso se confundam.

Colocamos, por exemplo, uma folha e um lápis, uma folha e um lápis, e convidamos as crianças a continuarem a série até esgotar todos os objetos.

Outras aplicações

Podemos realizar séries de dois elementos com objetos muito variados, sempre que tivermos elementos suficientes para que as crianças completem uma série mais extensa.

98 Serpentes coloridas

CORES, NÚMEROS E FORMAS

Objetivo: Formar uma série em função da cor dos objetos.

Material: Blocos lógicos de distintas cores.

Trabalha-se: Séries e seleções de elementos segundo seus atributos.

Descrição

Brincando de completar séries, construiremos sequências com elementos que alternem atributos, de modo que a criança se veja obrigada a tirar, colocar, agrupar e separar objetos previamente selecionados.

Desenvolvimento do jogo

Como em todos os jogos de série, começaremos mostrando às crianças um modelo para que elas repitam a mesma sequência.

Para começar, mostraremos três desenhos de três serpentes que pintamos anteriormente. O primeiro desenho é uma serpente vermelha e verde; o segundo, outra serpente amarela e azul; e o terceiro, uma serpente azul e verde.

Colocamos esses três modelos diante das crianças e lhes pedimos que procurem as peças necessárias para formar uma serpente com as mesmas cores.

Outras aplicações

Podemos introduzir a brincadeira perguntando se as crianças já conhecem as serpentes, o que elas sabem sobre as víboras, se elas já viram alguma etc.

99 Os futebolistas

CORES, NÚMEROS E FORMAS

Objetivo: Reconhecer os conceitos “tem mais”, “faltam”, “sobram”.

Material: Argolas, bolas e cadeiras.

Trabalha-se: Aquisição de vocabulário preciso que expresse noções de quantidade.

Descrição

A criança deve aprender a expressar-se de forma correta e exata, de modo que, aos poucos, ela precisa conhecer termos que ampliem seu vocabulário, aprendendo a verbalizar as experiências de forma apropriada quando constatados os resultados. Neste jogo introduziremos os conceitos “tem mais”, “faltam” e “sobram”.

Desenvolvimento do jogo

Cada vez que um grupo de cinco futebolistas se dirige ao centro da sala, colocaremos ao lado dele bolas que cuidadosamente serão chutadas, bem como cadeiras para que, após uma “extenuante” partida, os jogadores possam descansar.

Ocorre, entretanto, que neste jogo nem sempre existe a mesma quantidade de bolas, carteiras e crianças. Pode não haver bolas suficientes para todos, ou carteiras para todos. Então as crianças do centro devem dizer oralmente: “Tem mais crianças do que bolas!” Colocam-se então bolas suficientes, as crianças as chutam e vão sentar-se nas cadeiras. Ocorre que existem menos cadeiras do que crianças. Então o mesmo grupo de crianças grita: “Tem menos cadeiras do que crianças”; ou “sobram” crianças; ou “faltam” cadeiras. E assim, rapidamente, deve-se solucionar o problema. Uma vez solucionado o problema com este grupo, outro grupo de crianças ocupa o centro da sala e a brincadeira recomeça.

Outras aplicações

Antes de começar a brincadeira, podemos dar outros exemplos, com outros objetos, para ensinar as crianças a brincar com os conceitos de “tem mais”, “sobram” e “faltam”.

100 Cada criança com sua cadeira

CORES, NÚMEROS E FORMAS

Objetivo: Reconhecer o conceito "há tantos... quanto".

Material: Cadeiras da sala e corda.

Trabalha-se: Relações quantitativas por semelhança ou diferença.

Descrição

Com este jogo as crianças poderão estabelecer relações entre os elementos de dois conjuntos diferentes, relacionando-os por sua semelhança ou diferença quantitativa através do conceito novo de "há tantos... quanto", formando agrupamentos com elementos que cumpram com uma condição.

Desenvolvimento do jogo

Colocamos no centro da sala uma corda para separar os espaços: no da direita colocamos cinco crianças; no da esquerda, qualquer objeto da sala (cadeiras, casacos, brinquedos...).

Nunca colocaremos o mesmo número de objetos e crianças.

A brincadeira consiste em igualar o número de objetos e crianças.

Outras aplicações

Aproveitaremos a brincadeira para rever os conceitos vistos anteriormente de "sobrar" e "faltar".

101 Quantos queres?

CORES, NÚMEROS E FORMAS

Objetivo: Reconhecer os conceitos de "nenhum", "algum" e "todos".

Material: Argolas, sacola, miniaturas de objetos ou animais, lápis e blocos lógicos.

Trabalha-se: Relações quantitativas.

Descrição

O jogo servirá para que as crianças conheçam relações quantitativas de elementos que verificarão, quando for necessário, com o tato, até encontrar a solução adequada, aprendendo a empregar de forma correta os termos "nenhum", "algum" e "todos" como fruto da comparação entre quantidades de elementos bem contrastadas.

Desenvolvimento do jogo

Vamos converter o centro do círculo formado pelas crianças em um mercadinho.

Nele colocamos várias argolas: uma com miniaturas em seu interior; outra com lápis coloridos; e, na terceira, depositamos blocos lógicos.

O jogo consiste em convidar todas as crianças para que façam suas compras.

Desse modo, uma criança de cada vez passa a comprar no mercadinho "alguma" miniatura, "nenhum" lápis de cor e "todos" os blocos lógicos.

Terminada a compra, a criança deve mostrar aos seus companheiros o que ela colocou dentro da sacola de compras e dizer oralmente os três conceitos com os quais se está trabalhando: "algum", "nenhum" e "todos".

Outras aplicações

Se alguma criança se confundir, buscaremos fazer com que sejam seus companheiros que a corrigem e a animem a escolher corretamente a compra.

102 O arco-íris

CIÊNCIAS NATURAIS

Objetivo: Descobrir o fenômeno do arco-íris.

Material: Cartazes.

Trabalha-se: Reconhecimento de fenômenos meteorológicos comuns.

Descrição

Talvez nem todas as crianças conheçam o fenômeno do arco-íris. Através deste jogo podemos fazer com que elas o conheçam, saibam localizá-lo e admirá-lo quando ele ocorrer, e conheçam sua origem.

Desenvolvimento do jogo

Vamos nos transformar em nuvens, pingos d'água e raios de sol. Para tanto daremos a cada criança um cartaz já contendo desenhado um desses três elementos. Além disso, prepararemos outro cartaz com o arco-íris.

Começamos a história: "Era uma manhã luzidia e alegremente ensolarada (levanta-se a criança com o sol). De repente, umas nuvens escuras surgiram no céu (levantam-se as crianças com as nuvens). Elas bloquearam a luz do sol e começou a chover (levantam-se as crianças com as gotas d'água). O sol ficou triste, pois ninguém mais podia sair de casa para brincar. Por isso ele decidiu aparecer de novo. Agora, todos juntos (sol, nuvens e pingos d'água) se encontram no céu e decidem fazer algo maravilhoso: um desenho colorido. Assim, quando sai o sol e chove ao mesmo tempo, aparece no céu o arco-íris (levanta-se a criança com o arco-íris)".

Outras aplicações

Podemos aproveitar a ocasião para rever as cores do arco-íris.

103 Árvore ou arbusto?

CIÊNCIAS NATURAIS

Objetivo: Reconhecer diferentes plantas.

Material: Nenhum.

Trabalha-se: Observação direta e indireta das características mais relevantes de algumas plantas.

Descrição

Podemos realizar muitos jogos que permitem às crianças aproximar-se do meio ambiente físico e descobrir as plantas, sua utilidade e seus cuidados. Com este jogo, especificamente, vamos trabalhar a classificação das plantas. Adotaremos como princípio a classificação da vegetação por seu tamanho: um tipo de vegetação grande será denominado árvore; outro tipo de vegetação pequena será denominado arbusto.

Desenvolvimento do jogo

Com todas as crianças sentadas em círculo, o educador chama uma delas para que se aproxime. Ele lhe sussurra ao ouvido o nome de uma árvore ou de um arbusto e lhe pede que o represente diante de seus companheiros. O resto das crianças deve adivinhar do que se trata, colocando questões como estas: "És grande? És pequeno? És verde? Tens flores? Tens frutas em teus ramos?"

A criança que adivinhar o nome da árvore ou do arbusto se aproximará então do educador e este lhe soprará ao ouvido outro nome de árvore ou de arbusto, e a brincadeira continua.

Outras aplicações

Podemos ter em mãos ilustrações ou fotografias de árvores ou arbustos para que, uma vez acertado o nome, as crianças possam conhecer melhor do que se trata.

104 E tu, que planta és?

CIÊNCIAS NATURAIS

Objetivo: Reconhecer a utilidade das plantas para as pessoas.

Material: Cartazes e cordas ou papel higiênico.

Trabalha-se: Reconhecimento de algumas das principais plantas de nosso entorno.

Descrição

As crianças devem aprender a respeitar tanto os animais como as plantas. Para isso, o ideal é conhecê-los e saber sobre sua utilidade, bem como suas necessidades etc.

Não se trata de conhecer muitas plantas, mas algumas das principais, tanto por sua utilidade alimentícia quanto por suas características ornamentais.

Desenvolvimento do jogo

Com cordas longas ou papel higiênico, delimitamos dois grandes espaços no chão: em um deles colocamos um cartaz com o desenho de umas flores e, no outro, um desenho de verduras.

Explicamos que existem plantas comestíveis e outras plantas que não se pode comer, mas que servem para decorar e, além disso, perfumar o ambiente.

Vamos brincar de ser plantas... Cada criança poderá escolher a planta que mais lhe agrade. Feito isso, perguntamos: "E tu, que planta és?" Ela nos explicará que planta é, como é e para que serve. Finalmente, ela se colocará dentro do espaço reservado, segundo sua utilidade.

Outras aplicações

Se as crianças não sabem o nome das plantas, podemos escrever ou desenhar na lousa algumas plantas conhecidas para facilitar o jogo.

105 Qual é teu prato preferido?

CIÊNCIAS NATURAIS

Objetivo: Diferenciar as formas de alimentação dos animais.

Material: Cordas longas ou papel higiênico.

Trabalha-se: Observação de animais dizendo quem são e como eles se alimentam.

Descrição

Antes de iniciar a brincadeira, introduziremos as crianças nas noções de "herbívoro" e "carnívoro", explicando que a primeira se aplica aos animais que comem ervas e a segunda aos que se alimentam de carne. É bom que as crianças aprendam essas duas noções, pois a partir de então pediremos que elas classifiquem os animais a partir dessas duas noções.

Desenvolvimento do jogo

Neste jogo temos que delimitar dois espaços com cordas ou papel higiênico. Em um deles situaremos os animais herbívoros, no outro colocaremos os animais carnívoros.

O jogo começa com todas as crianças sentadas em círculo. A primeira criança se levanta e vai ao centro. Ela imita o animal escolhido e as outras crianças devem tentar adivinhar de que animal se trata. Uma vez descoberto, buscaremos saber se ele se alimenta de ervas ou de carne. De acordo com a conclusão a que se chegou, pediremos a esse "animalzinho" que ocupe o espaço devidamente reservado para ele.

Outras aplicações

Ao acertar o animal em questão, seria útil mostrar uma foto ou um desenho dele para recordar como ele é e algumas de suas características mais importantes.

106 A margarida Rita

CIÊNCIAS NATURAIS

Objetivo: Reconhecer a importância do sol.

Material: Música.

Trabalha-se: Noção de constância-mudança, causa-efeito em seres vivos.

Descrição

Contamos o relato da margarida Rita para que as crianças imitem e evoquem as situações, os sentimentos e os acontecimentos que escutam. O educador participa ativamente da encenação e serve assim de modelo para que as crianças vejam como cresce e evolui uma planta conhecida.

Desenvolvimento do jogo

"Era uma vez uma semente muito pequena (agachamo-nos) que algumas crianças boazinhas plantaram em um vaso, cobrindo-a com terra (deitamo-nos no chão simulando jogar areia sobre o corpo).

Em seguida a mãe das crianças trouxe um copo d'água para regá-la (fazemos os mesmos movimentos de quando tomamos banho). Como era feliz essa semente! (manifestamos alegria).

Um dia, a semente começou a crescer (sentamo-nos); dois ramos então despontaram (movemos os braços). Como as crianças continuavam a regá-la, ela continuou crescendo e crescendo sempre mais (ficamos de pé). Foi então que a semente conheceu o sol. Olhando para o sol (levantamos bem a cabeça), uma formosa flor branca e amarela brotou (tocamo-nos a cabeça e esticamos duas mexas de cabelos em direção ao sol). E enfim a semente se transformou na bela margarida Rita."

Outras aplicações

Ao terminar, podemos contar às crianças coisas sobre o sol (que é uma estrela que nos dá calor, que ilumina, em torno da qual a terra gira etc.).

107 Cuidamos das plantas

CIÊNCIAS NATURAIS

Objetivo: Reconhecer a importância da água.

Material: Música ambiental.

Trabalha-se: Relação causa-efeito; necessidade da água.

Descrição

As crianças devem conhecer a importância da água para as plantas, para os animais e para as pessoas. Se elas estiverem conscientes do papel da água na natureza e sua relativa escassez, rapidamente aprenderão a não a desperdiçar e a usá-la de modo racional, desenvolvendo assim o respeito e o interesse pelos elementos de nosso mundo natural.

Desenvolvimento do jogo

As crianças devem formar duplas: uma criança fará o papel do ser humano e a outra o papel da planta.

As crianças seres-humanos olham suas plantas (de joelhos, com as mãos erguidas e com o semblante alegre). Um belo dia, elas partem de férias. Elas se despedem de suas plantas e fecham a casa (as crianças representando os seres humanos saem de cena).

Agora as crianças-plantas estão sozinhas na casa. Passam-se os dias e elas não recebem água. As folhas vão murchando (fazem semblante triste) e começam a cair (abaixam os braços e se agacham). Os dias passam e ninguém aparece para socorrê-las. Cada dia elas se sentem piores (ficam de cócoras, com a cabeça escondida entre as pernas).

De repente, um belo dia, as crianças seres-humanos voltam. Que horror! As plantas estão quase mortas. Imediatamente erguem as persianas para que entre a luz do sol. Abrem também as janelas para que o ar circule e rapidamente passam a regá-las. Pouco a pouco, as plantas voltam a si (se colocam de pé, erguem os braços e reaparece o sorriso em seus rostos).

Outras aplicações

Essa é uma boa oportunidade para se falar da importância de não desperdiçar a água e informar que se trata de um bem importante, mas escasso.

108 As tempestades

CIÊNCIAS NATURAIS

Objetivo: Distinguir os sons dos fenômenos meteorológicos.

Material: Bonecos e pandeiros.

Trabalha-se: Superação de medos e conhecimento das tempestades.

Descrição

Este jogo é muito importante para as crianças que têm medo de raios e trovões. Falar com um boneco e escutar seus companheiros pode ajudá-las a enfrentar melhor outra possível tempestade, e superar assim seus medos.

Desenvolvimento do jogo

Escolhemos uma criança que queira fazer o papel de tempestade e lhe damos um pandeiro. Todas as outras procuram um boneco e se sentam em círculo.

Contamos-lhes que está se aproximando uma tempestade e que nosso boneco está com medo. Perguntamos se alguém tem medo de trovões. Certamente alguma criança dirá que sim. Em seguida buscamos acalmá-la, dizendo-lhe que tempestades são fenômenos normais da natureza.

Então a criança-tempestade se aproxima tocando o pandeiro com força, como se estivesse trovejando de verdade. Nossos bonecos começam então a assustar-se e a aconchegar-se entre nossos braços.

É o momento de explicar às crianças que nada de espantoso está acontecendo, que a natureza às vezes se manifesta dessa maneira. Passamos então a falar bem da natureza, desviando e dando menos importância ao tema dos trovões.

Outras aplicações

Seria oportuno dizer às crianças o que elas não devem fazer durante uma tempestade, se por acaso estiverem ao ar livre (não se colocar debaixo de uma árvore, não erguer objetos metálicos para o alto, não cruzar o leito de um rio etc.).

109 A senhora vaca

CIÊNCIAS NATURAIS

Objetivo: Contemplar os fenômenos meteorológicos.

Material: Cartolina, pinturas e lã ou cordas.

Trabalha-se: Interesse pelos fenômenos meteorológicos habituais.

Descrição

As crianças devem estar conscientes de que a meteorologia afeta em parte suas vidas cotidianas e que, portanto, elas devem procurar saber como está o tempo para prever o que necessitam para realizar atividades ao ar livre, que roupa vestir, se devem adiar alguma atividade etc. Além disso, este jogo exige das crianças constância, já que elas deverão vigiar o rabo da vaca todas as manhãs a fim de saber que tempo está fazendo lá fora.

Desenvolvimento do jogo

Precisamos de uma cartolina com a silhueta desenhada de uma vaca sem rabo. As crianças podem pintar a vaca com diversas cores e listras. Uma vez pintada, para protegê-la da água, a vaca será coberta com um plástico. Como ela não tem rabo, lhe confeccionamos um com lã ou com uma corda, e o grudamos em seu traseiro.

A partir desse instante, exporemos a senhora vaca às intempéries recordando, sobretudo, que, "se o rabo da vaca está molhado, é porque está chovendo; se ele está seco, é porque faz sol; se ele se agita, é porque o vento está soprando; e se um dia ele aparecer branco, é porque está nevando".

Outras aplicações

A brincadeira pode ser repetida por vários dias seguidos, durante os quais pediremos às crianças que nos digam como está o tempo segundo o estado do rabo da vaca.

110 Sinto frio, sinto calor!

CIÊNCIAS NATURAIS

Objetivo: Reconhecer os diferentes climas.

Material: Objetos cotidianos, abrigos, roupas...

Trabalha-se: Conhecimento da climatologia local.

Descrição

Com esta brincadeira podemos introduzir as crianças no conceito de clima e explicar-lhes as características principais do nosso clima, assim como as mudanças que experimentamos ao longo do ano e as consequências que disto derivam para nossa vida cotidiana, buscando sempre o lado positivo de cada estação do ano.

Desenvolvimento do jogo

Todos juntos confeccionaremos um mural com a climatologia de nosso entorno.

Retiramos todas as mesas da sala para ter espaço suficiente para brincar.

Criamos então três áreas: um espaço para o tempo ensolarado; outro espaço para o tempo chuvoso; e um terceiro espaço para o tempo frio.

A brincadeira consiste em passear pelos três ambientes, mas de maneira adequada ao clima de cada espaço.

Quando as crianças cruzarem o espaço do tempo chuvoso, elas devem procurar na sala algo para não se molhar com a chuva.

Quando viajarem pelo tempo ensolarado, elas devem cobrir a cabeça e tirar a roupa de frio, já que, expostas ao sol, sentem muito calor e começam a suar.

Por fim, quando cruzarem o tempo frio, as crianças devem agasalhar-se muito, já que, quando faz muito frio, tudo está coberto de neve e o vento forte castiga.

Outras aplicações

Ao atravessar cada área, explicaremos às crianças o que pode acontecer se as medidas de precaução contra o sol, a chuva e frio não forem tomadas.

111 A orquestra de água*

EXPRESSÃO ARTÍSTICA

Objetivo: Desenvolver a percepção auditiva.

Material: Copos e jarra de vidro com água, e colherinhas.

Trabalha-se: Percepção das qualidades sensoriais dos materiais através dos sentidos, especialmente da audição e do tato.

Descrição

Neste jogo ocorre uma interessante inter-relação dos sentidos da visão, da audição e do tato, ao mesmo tempo em que a criança vai aprendendo a compartilhar material em uma atividade comum, enquanto se diverte experimentando e criando sua própria música.

Desenvolvimento do jogo

As crianças se dividem em grupos sentados ao redor das mesas. Em cada mesa colocamos um copo de vidro para cada criança e uma jarra de vidro cheia de água.

Aproximamo-nos então de cada criança e lhe pedimos que coloque uma determinada quantidade de água em seu copo. Se julgarmos oportuno, podemos ajudar a criança a colocar uma quantidade maior ou menor de água no copo. Quando todos os copos estiverem com água, entregaremos a cada criança uma colherzinha.

Começa então a brincadeira: cada criança bate de leve várias vezes em seu copo para ver qual será seu som. E assim, sucessivamente, todas as crianças fazem o mesmo.

Por fim, os copos são colocados próximos uns dos outros, e cada criança vai compor sua música, tocando aleatoriamente todos os copos com sua colherzinha.

Outras aplicações

Neste jogo é muito importante que as crianças respeitem os turnos de intervenção estabelecidos.

---

* Visando a segurança dos alunos, este jogo só deverá ser realizado com o acompanhamento de um professor ou auxiliar.

112 As irmãs dos cachinhos dourados

EXPRESSÃO ARTÍSTICA

Objetivo: Progredir na coordenação óculo-manual refinada.

Material: Pintura com os dedos de várias cores.

Trabalha-se: Observação e análise dos elementos plásticos: linha, forma, cor etc.

Descrição

Com este jogo a criança identificará formas básicas, ao mesmo tempo em que reconhece e segue linhas horizontais, verticais e inclinadas, fortalecendo o traço e a coordenação olho-mão. O jogo também nos ajudará a observar a predominância da lateralidade da criança.

Desenvolvimento do jogo

Desenhamos em várias cartolinas as irmãs dos cachinhos dourados. O desenho se compõe de um rosto alegre com os cabelos muito encaracolados.

Formamos um grupo de crianças para cada cartolina desenhada. Com todas as crianças sentadas ao redor de suas cadeiras, colocamos no centro delas potes de pintura com as cores laranja, amarela e branca.

O jogo consiste em converter cada mesa em um salão de beleza, em um lugar muito especial para pentear e pintar os cachos de cabelos com diferentes tonalidades.

Para tanto, as crianças usam o dedo indicador como pincel. Misturando várias cores, elas obterão uma cor suficientemente definida para pintar os cachos das silhuetas desenhadas. Quando os cachos estiverem secos, os quadros poderão ser expostos nas paredes da sala.

Outras aplicações

Este jogo também pode ser uma ótima ocasião para explicar o que é um salão de beleza, o que se faz nele, quem o frequenta etc.

113 A toalha de mesa de Branca de Neve

EXPRESSÃO ARTÍSTICA

Objetivo: Progredir na coordenação óculo-manual refinada.

Material: Papel-contínuo ou de embrulho, batatas, rolhas de garrafas, pedaços de algodão e tinta colorida.

Trabalha-se: Organização da grafomotricidade.

Descrição

Neste jogo buscaremos fazer com que a criança melhore o domínio e a precisão do traço, elabore figuras gráficas de pouca precisão, introduzindo o sentido do detalhe e da decoração nas formas e contornos do espaço gráfico.

Desenvolvimento do jogo

"Branca de Neve quer comemorar o aniversário de um dos anõezinhos com um lanche, mas, infelizmente, ela não tem toalha de mesa. Poderíamos ajudá-la?"

Dispostos a colaborar, estendemos no chão papel-contínuo ou de embrulho e nos sentamos todos ao seu redor.

Mostramos à turma as batatas que trouxemos para estampar o papel. Além disso, também podemos usar para a decoração da toalha rolhas de garrafas e pedacinhos de algodão. Com tudo isso, conseguiremos uma toalha original para a festa.

Cortamos as batatas e as rolhas em pedaços. Cada criança apanha um pedaço de batata ou de rolha, o mergulha na tinta e vai assim estampando a toalha com um belo desenho.

Outras aplicações

Este jogo pode ser uma ótima ocasião para contar a história de Branca de Neve e os sete anões.

114 A fábrica de ouriços

EXPRESSÃO ARTÍSTICA

Objetivo: Desenvolver a motricidade refinada dos dedos.

Material: Massinhas ou argila e bastões ou palitos.

Trabalha-se: Aplicação de habilidades motrizes na expressão plástica.

Descrição

Com este jogo simples a criança reforçará a coordenação motora-visual, ao mesmo tempo em que nos demonstrará sua destreza e habilidade através da manipulação de massinhas e palitos, desenvolvendo a motricidade refinada por movimentos concretos e precisos, enquanto se distrai aprendendo técnicas de modelagem e de construção.

Desenvolvimento do jogo

Com todas as crianças em suas cadeiras, distribuímos para cada aluno uma folha de papel e um pedaço de massinha ou argila. No centro deixamos os palitos.

Pedimos-lhes que convertam os pedaços de massinha ou argila em uma bola, rolando-a por cima do papel. Em seguida elas devem dar forma ao corpo do ouriço.

Beliscando a massinha na região da cabeça podemos formar as orelhas. Com os palitos podemos perfurar dois buracos e transformá-los em olhos.

Por fim, tomamos os palitos, os quebramos pelo meio e os enfiamos em todo o corpo do animal. Pronto! Já temos um formidável ouriço.

Outras aplicações

É bom ficar à disposição das crianças para ajudá-las a realizar bem a tarefa, valorizando seus desenhos e dando dicas para um acabamento mais refinado.

115 O tesouro do Rei Midas

EXPRESSÃO ARTÍSTICA

Objetivo: Desenvolver a precisão dos dedos.

Material: Massinha amarela e cartolinas brancas.

Trabalha-se: Análise do conjunto e dos objetos; observação e análise de elementos plásticos do entorno.

Descrição

Continuamos trabalhando no desenvolvimento de habilidades motrizes aplicadas à expressão plástica, fazendo com que a criança explore, manipule e descubra possibilidades de tratamentos de um material, a massinha, ao mesmo tempo em que ela aprende a selecionar formas e identificar tipos de linhas e figuras.

Desenvolvimento do jogo

Devemos preparar de antemão três ou quatro desenhos em cartolinas brancas que representem o tesouro do Rei Midas. Por exemplo: uma coroa, um cetro, um cofre e um escudo. Todos esses desenhos serão marcados por caminhos de cruzes (+ + + +), que posteriormente as crianças deverão recobrir com a massinha amarela.

Antes de começar o jogo, contamos a história deste rei que convertia tudo o que ele tocava em ouro. O mesmo pode acontecer com os tesouros que lhes mostramos. Vamos convertê-los em ouro amarelo!

Sentadas em grupos, cada criança vai converter em ouro um dos tesouros. Para tanto, ela apanhará um pedaço de massinha amarela, a amassará sobre a mesa até fazer dela um churro. Em seguida o colocará sobre as cruzes, apertando-o para que não se desgrude. Primeiro o fazem sobre a linha horizontal, em seguida sobre a linha vertical, até completar a cruz (+).

Outras aplicações

Como em outros jogos parecidos, ficaremos atentos para que as crianças alternem as mãos no manuseio da massinha etc.

116 O maior espetáculo do mundo

EXPRESSÃO ARTÍSTICA

Objetivo: Melhorar a expressividade através do corpo.

Material: Música, fantasias, bolas, bonecos e maquiagem.

Trabalha-se: Expressão corporal, imitação; motricidade refinada e sentido do equilíbrio.

Descrição

Com este jogo faremos com que a criança adquira segurança em suas próprias ações, acostumando-se a depender menos do professor, utilizando ferramentas diversas de maneira cada vez mais autônoma através da expressão corporal e da imitação.

Desenvolvimento do jogo

Primeiramente dividimos os papéis entre as crianças: "Quem quer ser palhaço?"; "Quem quer ser malabarista?"; "Quem quer ser equilibrista?" Em segundo lugar, deixaremos um tempo para que cada criança possa se transformar em seu personagem com as fantasias, as roupas especiais e as maquiagens.

Entregamos a cada criança as ferramentas para brincar de circo. Os palhaços escolhem bonecos e brinquedos para sua função; os malabaristas, algumas bolas para lançar para o alto; e os equilibristas, uma corda para pular com muito cuidado.

Todas as crianças formam um grande círculo. Um a um vão saindo os diferentes membros dos diferentes grupos. Assim, cada membro vai mostrando ao grupo suas intrépidas façanhas, seu valor, sua ternura, suas risadas; e todos os outros agradecem aplaudindo.

Outras aplicações

Os aplausos recebidos servirão para aumentar a autoestima de alguns, e para valorizar as produções artísticas alheias.

5
ANOS

Introdução

Jogar, para as crianças, é vital, cotidiano e divertido. Essa é a atividade mais importante e quase a única que elas querem fazer durante o dia. Aos 5 anos de idade essa realidade assume mais relevância, se lhe associarmos os progressos que as crianças estão conseguindo no domínio corporal e social.

Para elas, nessa idade, brincar é mais fácil; é uma atividade que elas realizam quase independentemente dos adultos. Seu jogo é "cumulativo", por isso podemos brincar com tudo o que signifique aprofundamento e engrandecimento de seu crescimento e conhecimento: jogos para colorir, pintar e desenhar, para escrever e ler, contar ou medir, para experimentar e analisar, recortar e colar.

Jogos para:

1) Colocar em prática **hábitos** para o desenvolvimento da autonomia pessoal e alimentícia.

2) Controlar o corpo de maneira global e parcial, consolidar algumas **habilidades psicomotoras básicas** e desenvolver a orientação e a **organização espacial**.

3) Reforçar o conhecimento sobre as partes do **esquema corporal** e suas funções.

4) Experimentar e manusear os elementos do entorno imediato e **explorar as qualidades dos objetos** através do tato e do paladar.

5) Distinguir objetos de acordo com seu **tamanho e forma**; introduzir **conceitos matemáticos** como a adição e a subtração e avançar no domínio da série numérica.

6) Reconhecer plantas, árvores e fenômenos meteorológicos, bem como valorizar a importância do **meio natural**.

7) Desenvolver a capacidade criativa, conhecer diferentes meios de comunicação e avançar no domínio da expressão corporal.

117 A árvore genealógica

HÁBITOS

Objetivo: Reconhecer os diferentes membros de uma família.

Material: Argolas e giz.

Trabalha-se: Noção de identidade pessoal e familiar.

Descrição

A criança já sabe distinguir suas características pessoais próprias. Agora vamos passar em revista a organização familiar, identificando as pessoas que compõem seu entorno familiar mais próximo (pais e avós), fazendo com que ela entenda adequadamente as relações de parentesco entre os membros de sua própria família.

Desenvolvimento do jogo

Com a ajuda de argolas e giz, vamos pintar uma árvore genealógica no chão. Em um primeiro nível colocamos quatro argolas, uma para cada avô; em um segundo nível, duas argolas, uma para o pai e outra para a mãe; no terceiro nível, colocamos o mesmo número de argolas quantos forem os filhos.

O jogo consiste em apresentar a pequena história de qualquer família.

"Um dia um homem e uma mulher se conheceram e se casaram. Não muito distante dali, outro homem e outra mulher também se conheceram e acabaram unindo-se em matrimônio. Os quatro formaram duas famílias. Passou-se o tempo e o primeiro casal teve um filho e o segundo uma filha. Estes foram crescendo e se tornaram maiores de idade. O menino virou um homem e a menina uma mulher. Em um passeio eles se conheceram, se apaixonaram e mais tarde se casaram. Anos depois, com o nascimento de seus filhos, eles se tornaram pai e mãe. Assim, os primeiros casais se tornaram avós."

Outras aplicações

Para finalizar, podemos fazer com que cada criança construa sua árvore genealógica, mas guardando certa prudência, caso alguma criança tenha uma situação familiar delicada e considerando que nem todas as famílias correspondem ao mesmo modelo.

118 As escolas do mundo

HÁBITOS

Objetivo: Identificar a escola, suas funções e seus usos.

Material: Objetos da sala e fantasias ou roupas diversas.

Trabalha-se: Identificação de elementos do ambiente sociocultural próprio e outros ambientes alheios à nossa cultura.

Descrição

Antes de começar o jogo podemos estimular uma conversa em grupo para refletir sobre a importância de frequentar a escola. É interessante orientar o diálogo para que as crianças vejam a escola como um ambiente familiar e habitual em suas vidas. O conhecimento de escolas de outros lugares do mundo pode ajudá-las a valorizar sua própria escola.

Desenvolvimento do jogo

Quando as crianças já conhecem as funções da escola, é possível fazer uma pergunta mais abrangente: "Como são as escolas em outras regiões do mundo?"

O jogo começa neste ponto: as crianças devem imaginar como são as outras escolas. Podemos propor as seguintes regiões: o Polo Norte, onde faz muito frio e tudo está coberto de neve e gelo; a selva, onde vivem os animais selvagens e está cheia de vegetação; e o deserto, onde faz muito calor e somente existem dunas e areia.

Dessa maneira as crianças passam a encenar como seriam nesses ambientes as aulas, as lousas, as mesas, as cadeiras, os brinquedos, os livros, os professores, os alunos...

Outras aplicações

Com algumas fotos ou desenhos podemos facilitar a tarefa das crianças e despertar sua imaginação.

119 Os espaços

HÁBITOS

Objetivo: Agir autonomamente nos espaços cotidianos da sala de aula.

Material: Móveis e objetos da sala.

Trabalha-se: Aplicação de hábitos de autonomia pessoal; identificação com o ambiente escolar.

Descrição

Este é um jogo adequado para o início do curso. As crianças dessa faixa etária já conhecem a dinâmica do colégio, mas convém que tenham claras as rotinas e as normas dos distintos espaços e locais onde vão trabalhar e brincar.

Desenvolvimento do jogo

Preparam-se os distintos espaços ou locais da sala: o espaço da pintura, o espaço das construções, o espaço das matemáticas, o local das fantasias etc. O educador explica o que se faz em cada um deles.

O jogo consiste em encorajar cada criança a imitar o professor, explicando a um grupo de companheiros os materiais usados em cada espaço, as atividades específicas que se realizam e as normas de ação.

Outras aplicações

Sempre que for necessário, o educador deve intervir para esclarecer alguma dúvida, sobretudo da criança que explica aos companheiros o que existe em cada espaço e como agir ali.

120 Os arquitetos

Objetivo: Explorar o ambiente físico e social mais imediato: a casa.

Material: Móveis e objetos da sala de aula.

Trabalha-se: Estruturação do espaço.

Descrição

Este jogo exige de nossas crianças um esforço de coordenação, tanto na divisão das funções como no cumprimento das normas e dos trabalhos de cada uma. Além disso, elas aprenderão noções relacionadas à orientação e à organização do espaço, como é o de uma residência, através da identificação e da diferenciação das partes de uso mais habitual de sua casa, bem como sua funcionalidade.

Desenvolvimento do jogo

As crianças vão se converter em arquitetas e construtoras de uma casa muito especial, na qual habitarão uma família com dois filhos e um cachorrinho.

Ao construir a casa, devemos zelar para que estejam presentes todas as coisas necessárias para uma vida feliz.

O primeiro passo é definir o tipo de casa que queremos construir: uma casa na cidade, um apartamento, uma casa de campo etc.

O segundo passo é definir os diferentes ambientes: o quarto dos pais, o dos filhos, a sala de visitas, a cozinha e o refeitório, os banheiros, a casinha do cachorro etc.

Para finalizar, é bom conversar sobre as funções de cada um destes compartimentos para poder complementá-los com móveis e objetos adequados.

Outras aplicações

Esse jogo será uma estupenda ocasião para rever e incrementar o vocabulário das crianças.

121 A pirâmide dos alimentos

HÁBITOS

Objetivo: Reconhecer a pirâmide alimentícia e os grupos de alimentos.

Material: Brinquedos, estampas ou desenhos de alimentos, papel-contínuo.

Trabalha-se: Alimentação completa e equilibrada.

Descrição

O tema da comida às vezes é complicado para algumas crianças, razão pela qual devemos insistir a partir de distintos pontos de vista para que elas aprendam a levar uma dieta completa e equilibrada, fazendo com que se esforcem em comer um pouco de tudo, mesmo a contragosto.

Desenvolvimento do jogo

Pintamos no chão ou sobre papel-contínuo uma pirâmide com diversas divisões: a primeira será a base da pirâmide e a última seu vértice. Em seguida, colocamos os nomes e os desenhos, as estampas ou os brinquedos que correspondem a cada nível da figura:

Grupo 1: leite, iogurte, queijo
Grupo 2: carne, peixes e ovos
Grupo 3: legumes, tubérculos e frutas secas
Grupo 4: verduras e hortaliças
Grupo 5: frutas
Grupo 6: cereais, açúcar e bebidas
Grupo 7: azeites e gorduras

O jogo consiste em organizar um menu equilibrado para nossos convidados, seguindo algumas regras fundamentais: escolher um único produto por grupo, incluir sempre alimentos básicos como o leite e o pão, não abusar das gorduras nem das conservas e incluir frutas e verduras. Agora podemos desfrutar de uma comida sadia e equilibrada.

Outras aplicações

Podemos averiguar o menu da escola e analisar como ele cumpre essas regras.

122 Compramos móveis

NOÇÕES ESPACIAIS E PSICOMOTRICIDADE

Objetivo: Exercitar movimentos e posturas do corpo.

Material: Objetos da sala de aula.

Trabalha-se: Controle global e parcial do corpo.

Descrição

Este jogo permite às crianças adotar formas e posturas com seus corpos que até o momento não experimentaram. Para tanto, ao invés de imitar pessoas ou animais, elas devem agora representar objetos de seu entorno.

Desenvolvimento do jogo

Para brincar necessitamos que duas crianças interpretem uma família que visita uma loja de decoração para comprar móveis para a sua nova casa. Ali encontram outra criança que faz o papel de vendedora e todas as outras crianças representando os móveis (de joelhos, deitados, com os braços em diferentes posições etc.), como, por exemplo, representando camas, armários, cozinhas, espelhos, sofás, mesas, televisores...

O casal de compradores entra na loja e comenta com o vendedor a necessidade de comprar alguns móveis necessários para mobiliar a nova casa. Este mostra uma série de móveis, enquanto fala de seu aspecto, do material com que são feitos ou do uso que podem ter.

Outras aplicações

Para reforçar o conhecimento dos móveis, podemos colocar letreiros com os devidos nomes.

123 Aberto e fechado

NOÇÕES ESPACIAIS E PSICOMOTRICIDADE

Objetivo: Reconhecer as noções espaciais como "aberto" e "fechado".

Material: Música ambiental.

Trabalha-se: Imitação, imaginação, expressão corporal e controle parcial e global do corpo.

Descrição

Vamos brincar de distinguir entre o corpo e o espaço que nos rodeia, ao mesmo tempo em que buscamos representar objetos e formas que podem se abrir e fechar, em uma espécie de um pequeno teatro de adivinhações.

Desenvolvimento do jogo

Organizamos a turma em duas equipes: uma representará as noções e a outra observará e adivinhará do que se trata.

Por exemplo: podemos representar um guarda-sol fixado na areia da praia, que permanece fechado durante a noite, mas pela manhã se abre para proteger as pessoas dos raios solares. Também podemos representar um campo cheio de flores fechadas que aos poucos florescem e se abrem, com seu aroma e sua cor.

Qualquer comentário oral ou gestual pode ser apropriado para ajudar aos companheiros a adivinhar o objeto que se abre e se fecha.

Outras aplicações

Deixemos que sejam as crianças a propor o que adivinhar, intervindo somente quando elas não sabem mais o que representar para adivinhar. Assim, à sua maneira, elas desenvolverão a iniciativa e a criatividade.

124 O rebuliço

NOÇÕES ESPACIAIS E PSICOMOTRICIDADE

Objetivo: Diferenciar as noções espaciais de "esquerda" e "direita".

Material: Papel-contínuo ou de embrulho e lapiseiras de cor alaranjada e azul.

Trabalha-se: Controle global e parcial do corpo.

Descrição

De uma maneira muito divertida a criança melhorará seu controle postural, aprendendo a manter posturas nem sempre fáceis, bem como seu controle do equilíbrio; tudo isso através de uma combinação de diferentes posturas e movimentos sobre um tabuleiro de muitos quadrados.

Desenvolvimento do jogo

Antes de começar o jogo, estenderemos no chão três pedaços de papel-contínuo de aproximadamente 3 metros de cumprimento, e em cada um pintamos um quadro de quatro colunas por quatro filas. Dos 16 quadrados resultantes, deve-se pintar: os oito da esquerda de cor alaranjada e os oito da direita de cor azul.

Em seguida, dividimos as crianças em três grupos, que se colocam cada um diante de um quadrado. Já podemos começar o jogo! Por exemplo: a primeira criança deve colocar seu pé direito em um quadrado alaranjado, outra criança deve por seu pé esquerdo no quadrado azul, e assim por diante.

Dessa maneira, formar-se-á um grande rebuliço de crianças com seus braços e pernas entrelaçados.

Outras aplicações

Quando todas as crianças estiverem posicionadas, podemos dar ordens para que mudem suas posições a fim de aumentar ainda mais a confusão.

125 As argolas

NOÇÕES ESPACIAIS E PSICOMOTRICIDADE

Objetivo: Progredir na organização espacial.

Material: Argolas de diferentes tamanhos.

Trabalha-se: O espaço: orientação e organização; esquema corporal próprio.

Descrição

Vamos brincar com o corpo e as argolas, passando-as de distintas maneiras pelo corpo, segundo a indicação do educador ou das próprias crianças. Nessa idade, elas mesmas podem indicar ou escolher quais partes do corpo envolver nas argolas.

Desenvolvimento do jogo

Se for possível, distribuiremos uma argola para cada criança; caso contrário, formamos duplas para cada argola.

O jogo consiste em brincar de passar as argolas pelas diferentes partes do corpo até a argola envolver a cintura.

Começamos a brincadeira ficando totalmente fora da argola, passando em primeiro lugar por dentro dela a perna direita, depois a mão direita, em seguida a cabeça, o tronco, a mão esquerda e, por fim, a perna esquerda.

Em seguida, completaremos a brincadeira, mas ao invés de sairmos de uma passada de dentro da argola, faremos o caminho inverso do inicial.

Outras aplicações

Podemos complicar o jogo colocando e tirando partes mais definidas do corpo, como, por exemplo, os dedos, o pulso, a mão, o antebraço, o cotovelo, o ombro, seguindo uma ordem lógica.

126 Posicione sua mascote

NOÇÕES ESPACIAIS E PSICOMOTRICIDADE

Objetivo: Progredir no domínio da organização espacial.

Material: Brinquedos da sala e argolas.

Trabalha-se: Orientação e organização espacial.

Descrição

Brincando vamos reforçar noções relacionadas à orientação estática e dinâmica: em frente, atrás, dentro, fora, direita, esquerda etc., dessa vez não fazendo referência ao corpo, mas a um objeto: a argola.

Desenvolvimento do jogo

Antes de começar a brincadeira, cada criança deve escolher uma mascote entre os elementos que existem na sala de aula: um brinquedo, uma miniatura, um boneco... Além disso, dividimos uma argola para cada criança, ou dupla de crianças, e todas se colocam de joelhos ao lado destas com sua mascote nas mãos.

O jogo consiste em colocar a mascote no lugar exato que for indicado. No princípio, o próprio educador pode indicar o lugar, mas posteriormente se pode passar esta responsabilidade aos próprios alunos.

Dessa forma, indicamos que se deve colocar a mascote à esquerda ou à direita da argola, dentro ou fora etc.

Outras aplicações

Se a brincadeira se realiza por duplas, podemos ir revezando as duplas para que todas as crianças conheçam as noções espaciais por si mesmas e não somente por imitação.

127 O lençol

NOÇÕES ESPACIAIS E PSICOMOTRICIDADE

Objetivo: Progredir na coordenação geral.

Material: Um balão e um lençol de aproximadamente 150 x 200cm.

Trabalha-se: dissociação e coordenação de movimentos.

Descrição

O jogo do lençol permite às crianças experimentar, de uma maneira muito divertida, diferentes direções de lançamento, combinando diferentes movimentos, exigindo a coordenação das duas mãos, aplicando uma força maior ou menor segundo a atividade.

Desenvolvimento do jogo

Apresentamos às crianças o personagem do jogo: trata-se de um balão colorido sobre o qual pintamos uma cara engraçada.

Em um espaço amplo, mostramos às crianças um lençol, que pouco a pouco desdobramos até esticá-lo totalmente no chão.

Pedimos então às crianças que, com cuidado e ordem, se aproximem do lençol e se coloquem ao seu redor, sem pisá-lo e sem deixar espaços livres entre elas. Ao ouvir um sinal previamente combinado, as crianças, todas ao mesmo tempo, devem pegar o lençol com as duas mãos, levantar-se e esticá-lo. Chegou o momento de brincar!

Colocamos então o balão no centro do lençol e juntos o fazemos flutuar pelos ares, sem deixar que ele caia fora do lençol.

Outras aplicações

Podemos passar a sacudir o lençol após algum sinal previamente combinado ou deixar que espontaneamente as crianças inventem sua forma de brincar, mas sempre procurando manter o balão dentro do perímetro do lençol.

128 Os enfermeiros

NOÇÕES ESPACIAIS E PSICOMOTRICIDADE

Objetivo: Progredir nos deslocamentos com companheiros.

Material: Nenhum.

Trabalha-se: Realização de atividades dinâmicas diversas.

Descrição

Através da experimentação que comporta o jogo motor, a criança reconhecerá as sensações que produzem estados corporais referentes a diferentes posturas, movimentos e equilíbrios, tanto estáticos quanto dinâmicos, podendo introduzir também noções sobre situações de perigo em ambientes conhecidos e maneiras de agir e de proteger-se diante delas.

Desenvolvimento do jogo

A brincadeira que vamos realizar converte metade da turma em enfermeiros e a outra metade em enfermos acidentados (depois de alguns minutos os papéis podem ser invertidos).

As crianças enfermeiras devem procurar um companheiro acidentado e transportá-lo até a enfermaria (um canto da sala). A maneira de levá-lo varia segundo as indicações do educador. Por exemplo: carregar o companheiro nas costas; de joelhos, transportá-lo sentado nas costas; aproximá-lo da ambulância rolando-o pelo chão...

Outras aplicações

Antes de começar a brincadeira podemos contar às crianças o trabalho tão importante que os enfermeiros realizam, bem como os condutores de ambulâncias, quando levam os enfermos rapidamente para o hospital.

129 Arremessar

NOÇÕES ESPACIAIS E PSICOMOTRICIDADE

Objetivo: Progredir na coordenação óculo-manual.

Material: Argolas e bolas.

Trabalha-se: Controle global e parcial do corpo; estruturação do espaço: orientação, localização e direção.

Descrição

Dividimos as crianças em duas equipes: os membros de uma delas levarão a bola, ao passo que os da outra segurarão em suas mãos uma argola.

Para começar, cada criança com a argola se aproximará da criança com a bola. Os primeiros se colocarão perto da parede, ao passo que seus companheiros ficarão diante deles a uns dois metros de distância, com a bola nas mãos.

O jogo consiste em encestar a bola na argola do companheiro. A criança pode dar um ou dois piques no chão com a bola, antes de introduzi-la na argola.

Outras aplicações

Este jogo admite muitas variações divertidas e que combinam variantes motrizes, como, por exemplo, ele pode servir para constatar qual jogador encesta mais vezes de uma determinada maneira etc.

130 Upa cavalinho!

NOÇÕES ESPACIAIS E PSICOMOTRICIDADE

Objetivo: Desenvolver a coordenação geral e o equilíbrio.

Material: Argolas e cordas.

Trabalha-se: Organização de habilidades motrizes básicas.

Descrição

As crianças vão brincar de corrida de cavalos, para a qual deverão adotar uma postura correta em função da atividade que estão realizando, que também lhes exigirá um controle em seus deslocamentos, de maneira que pouco a pouco consolidem o automatismo da corrida, conseguindo a coordenação de movimentos, ganhando em equilíbrio e agilidade.

Desenvolvimento do jogo

Dividiremos a turma em duas equipes, uma das quais representará os cavalos e a outra os ginetes.

Cada ginete procurará um cavalo e o colocará dentro de uma argola ou o puxará com uma corda.

O jogo consiste em galopar ao ritmo do cavalo pela sala, sem esbarrar uns nos outros. Os ginetes devem guiar corretamente seus cavalos e estes não devem correr muito nem puxar demasiadamente forte seus companheiros.

Outras aplicações

Quando as crianças tiverem um pouco mais de prática, podemos complicar a brincadeira colocando pequenos obstáculos pela sala, de maneira que tenham de passar por cima deles.

131 Um quebra-cabeça gigantesco

NOÇÕES ESPACIAIS E PSICOMOTRICIDADE

Objetivo: Avançar na estruturação espacial.

Material: Colchonetes ou acolchoados.

Trabalha-se: Estruturação do espaço; experimentar possibilidades do espaço ensaiando formas, posições e direções; trabalho em grupo.

Descrição

Em outras ocasiões as crianças já brincaram com pequenos quebra-cabeças sobre as mesas. O que aconteceria, porém, se elas tivessem de construir uma grande figura com colchonetes?

Neste jogo não se trabalha somente a estrutura espacial que os colchonetes devem compor, mas também algo tão importante e ao mesmo tempo tão complicado para as crianças como a realização de um trabalho em equipe.

Desenvolvimento do jogo

No canto da sala colocamos um monte de colchonetes (de 8 a 10). As crianças devem levar os colchonetes ao centro da sala, com a ajuda dos companheiros, e montar um gigantesco quadrado. Elas devem ter o cuidado de não tropeçar em nenhum companheiro.

De vez em quando paramos o jogo e lhes pedimos que, a uma determinada distância, observem como a figura vai se formando. É o momento de refletir se elas devem mudar de estratégia de trabalho, a posição de alguns colchonetes ou, ao contrário, se a figura está sendo satisfatoriamente formada.

Outras aplicações

Uma vez terminada a brincadeira, pediremos às crianças que nos ajudem a guardar os colchonetes em seu devido lugar, procurando levá-los em ordem e sem alvoroço.

132 Pare!

NOÇÕES ESPACIAIS E PSICOMOTRICIDADE

Objetivo: Desenvolver o controle.

Material: Um instrumento de percussão.

Trabalha-se: Coordenação dinâmica e controle global do corpo.

Descrição

Este jogo permite às crianças trabalhar uma das técnicas de deslocamento psicomotor, a parada, através da combinação de diferentes movimentos em atividades motrizes, permitindo-lhes um controle nos deslocamentos.

Desenvolvimento do jogo

As crianças estabelecem entre si as normas do jogo: quem será o primeiro a mandar o grupo parar e quando será eliminado o companheiro que se mexer depois da ordem de parada.

O jogo começa com as crianças andando rapidamente pela sala. Quando soar o instrumento de percussão, todas devem parar na posição em que estão; qualquer movimento depois disso acarretará a eliminação do jogo. Quando uma criança é eliminada do jogo, ela passará a fazer parte dos jurados, ajudando a observar se seus companheiros se movem ou não depois da ordem de parada.

Outras aplicações

Assim como em tantas outras brincadeiras, podemos observar as distintas reações das crianças quando são eliminadas, se elas se aborrecem ou não etc., e assim passamos a conhecê-las melhor.

133 Passe a bola!

NOÇÕES ESPACIAIS E PSICOMOTRICIDADE

Objetivo: Reconhecer e representar as noções espaciais "por cima" e "por baixo".

Material: Uma bola.

Trabalha-se: Consolidação de habilidades motrizes básicas.

Descrição

As crianças, ao passarem umas às outras uma bola, devem assumir uma postura correta para essa situação determinada, em função do objeto utilizado (a bola) e da ação efetuada (passá-la de uma maneira concreta), ação pela qual também aprendem a manusear com precisão materiais lúdicos.

Desenvolvimento do jogo

Para realizar esta brincadeira as crianças devem formar um trem, colocando-se uma atrás das outras, com as pernas abertas e sem mudar de lugar.

O jogo consiste em passar a bola ao companheiro da frente por cima da cabeça ou por entre as pernas. O primeiro da fila grita uma das duas opções para passar a bola: "por cima" ou "por baixo".

Se a opção escolhida é "por cima", então, a última criança do trem, que tem a bola, começa a passá-la por sobre a cabeça de quem está imediatamente à sua frente com cuidado para que a bola não caia. Se a opção é "por baixo", então a última da fila deve passar a bola por entre as pernas do companheiro da frente.

Outras aplicações

Também podemos brincar de passar a bola pela direita ou pela esquerda, trabalhando então a lateralidade e a flexibilidade de cintura.

134 Estava em cima ou embaixo?

NOÇÕES ESPACIAIS E PSICOMOTRICIDADE

Objetivo: Reconhecer e representar as noções espaciais "em cima" e "embaixo".

Material: Um lenço, cadeiras e objetos da sala.

Trabalha-se: Reconhecimento de possibilidades do próprio corpo; orientação espacial e organização.

Descrição

Este jogo de memória permite à criança conhecer as possibilidades e os limites de seu próprio corpo com relação aos conhecimentos adquiridos sobre a estruturação espaçotemporal, através da identificação de situações espaciais.

Desenvolvimento do jogo

Montamos um pequeno cenário com cinco cadeiras e colocamos um objeto em cada uma delas, indistintamente em cima ou embaixo.

As crianças se sentam no chão, diante do cenário, e devem memorizar a situação exata dos objetos que estão em cima ou embaixo das cadeiras. Para brincar, vendamos os olhos de uma criança, enquanto outro companheiro coloca os objetos em cima ou embaixo das cadeiras.

Em seguida, colocamos a criança dos olhos vendados em frente ao cenário e lhe tiramos a venda para que ela contemple o cenário por alguns segundos. Passado esse tempo, tornamos a vendar-lhe os olhos com um lenço e lhe pedimos que diga aos companheiros quais objetos estão em cima das cadeiras e quais objetos estão embaixo delas.

Outras aplicações

Também podemos pedir à criança dos olhos vendados que trate de encontrar um objeto determinado, indicando assim a cadeira em que ele se encontra e dizendo se o objeto está em cima ou embaixo dela.

135 Giro pelas estradas

NOÇÕES ESPACIAIS E PSICOMOTRICIDADE

Objetivo: Progredir no domínio das direções "direita" e "esquerda".

Material: Giz colorido.

Trabalha-se: Educação viária; orientação e organização espacial.

Descrição

Brincando de circular por rodovias imaginárias, a criança adquire noções espaciais para orientar-se em seu entorno habitual, através da identificação de sua própria direita e esquerda.

Desenvolvimento do jogo

Este jogo nos permitirá dirigir por rodovias. Preparamo-lo marcando um circuito no pátio da escola, se a brincadeira acontecer no exterior, ou no chão da sala de aula, se for no interior.

As crianças são os automóveis que devem circular ou à direita ou à esquerda (segundo o país em que se encontram), uma atrás da outra, por todo o circuito. Enquanto dirigem, elas devem repetir: "Circulo pela direita" ou "Circulo pela esquerda".

Quando elas querem avançar, devem avisar ligando o pisca-pisca dizendo: "Vou avançar e girar para a esquerda (ou para a direita)".

Antes de terminar a brincadeira elas devem estacionar seu carro, comunicando se vão deixá-lo à esquerda ou à direita da rodovia.

Outras aplicações

Além disso, podemos explicar às crianças que para andar pelas ruas das cidades existem algumas normas que servem para orientar pedestres e motoristas, ensinando-as assim a ter um comportamento civilizado.

136 Os adesivos

Objetivo: Nomear as partes do corpo.

Material: Adesivos redondos coloridos.

Trabalha-se: Partes e elementos externos do próprio corpo.

Descrição

Através do reconhecimento do próprio corpo e de seu esquema corporal, identificaremos suas distintas partes, nomeando-as e indicando sua localização exata com adesivos.

Desenvolvimento do jogo

Nesta brincadeira vamos nos converter em "automóveis quebrados" que somente o mecânico pode consertar.

A brincadeira começa quando tivermos escolhido um mecânico chefe e seus quatro ajudantes. Esse papel irá mudando até todas as crianças terem passado por ele.

Entregamos os adesivos ao mecânico chefe e todos os "automóveis" começam a circular, até que pouco a pouco vão se estragando e parando pela sala, à espera de alguém que repare sua avaria.

O mecânico chefe pede então aos seus ajudantes que coloquem adesivos nos "automóveis", com ordens semelhantes a estas: "Coloque um adesivo em sua cintura"; "Coloque um adesivo em seus quatro dedos da mão direita"; "Coloque um adesivo em cada orelha" etc.

Outras aplicações

Deixemos a iniciativa às crianças e observemos atentamente como elas representam seus papéis, intervindo somente se for estritamente necessário.

137 Os clãs

O CORPO HUMANO

Objetivo: Reconhecer as partes externas do corpo.

Material: Música com sons da natureza.

Trabalha-se: Elementos do corpo e sua variabilidade de pessoa para pessoa.

Descrição

A brincadeira dos clãs permite às crianças reconhecerem que não somos fisicamente iguais, o que nos permite introduzir os conceitos de identidade pessoal e diversidade, mostrando-lhes a diferença como algo positivo e enriquecedor.

Desenvolvimento do jogo

Vamos brincar de formar clãs ou famílias, enquanto ouvimos uma música com sons suaves da natureza (sons de pássaros, riachos, cachoeiras).

Antes de iniciar a atividade, escolhemos uma criança para representar a pessoa mais velha do clã. Esta será encarregada de organizar todos os seus companheiros em diferentes clãs, segundo as semelhanças ou diferenças que existem entre as pessoas. Por exemplo: pode formar um clã pela cor do cabelo de seus membros.

Quando o ancião tiver distribuído todas as crianças em grupos, ele se aproximará delas e lhes dará as boas-vindas ao "clã dos cabelos escuros", ao "clã dos cabelos claros" ou ao "clã dos cabelos ruivos", segundo as cores de seus cabelos.

A brincadeira pode continuar trocando de ancião. Ele se encarregará de construir novos clãs em função de outros atributos, como, por exemplo, a cor dos olhos, a estatura, o peso, e muitos outros.

Outras aplicações

A brincadeira pode ser uma ótima ocasião para falar às crianças sobre a importância dos adultos, o respeito e o carinho que lhes é devido etc.

138 Brinco com meu corpo

O CORPO HUMANO

Objetivo: Trabalhar o esquema corporal.

Material: Música com sons da natureza.

Trabalha-se: O próprio corpo; esquema e possibilidades perceptivas, motrizes etc.

Descrição

Para motivar nossos alunos a brincar com o corpo podemos recordar com eles como foram descobrindo suas partes mais importantes. Agora, com 5 anos, eles já sabem reconhecê-las e nomeá-las corretamente, e com esta atividade poderão verificar as ações que se realizam com elas e as brincadeiras que podem inventar.

Desenvolvimento do jogo

Todas as crianças se distribuem livremente pela sala, formando vários grupos, com o mesmo número de crianças em cada grupo. A cada grupo atribuiremos uma parte do corpo (rosto, cintura, cotovelos, calcanhares, ombros...).

Em primeiro lugar é preciso observar a forma como cada grupo se movimenta e realiza diferentes ações com o elemento corporal que lhe foi designado.

E, em segundo lugar, as crianças devem brincar com o jogo que escolheram assumindo como protagonista a parte do corpo designada.

Outras aplicações

Quando terminarem, os grupos podem trocar as partes do corpo escolhidas para que todos trabalhem o máximo de partes do corpo possível.

139 O baile das metades

O CORPO HUMANO

Objetivo: Reconhecer as duas metades do esquema corporal.

Material: Um espelho e música ambiental.

Trabalha-se: Controle sobre a lateralidade.

Descrição

Vamos brincar de dançar com o corpo, mas considerando que as crianças já sabem que nosso corpo tem um lado esquerdo e outro direito, e que estes lados são extremamente iguais entre si. Este jogo serve para reforçar tais conceitos e ao mesmo tempo para que as crianças conheçam um pouco melhor seu próprio corpo.

Desenvolvimento do jogo

As crianças se colocam diante do espelho, se for possível contar com um. Caso contrário, elas se distribuem livremente pela sala.

Uma das crianças pode exercer a função do mago, pedindo para que uma das duas partes do corpo da criança dance, enquanto a outra fica parada. Dessa maneira, quando a música toca, todas dançam movendo somente o lado direito ou somente o esquerdo.

No início pode parecer-lhes complicado mover somente um lado do corpo sem balançar o outro. Por isso, o educador pode servir como modelo para que as crianças o imitem até elas conseguirem adquirir o controle da lateralidade.

Outras aplicações

Também podemos iniciar o jogo movendo partes de um lado do corpo sem dançar, a fim de que elas se familiarizem com esses movimentos.

140 As sombras

O CORPO HUMANO

Objetivo: Interiorizar o esquema e o conceito "eu corporal".

Material: Um lençol e uma lanterna potente.

Trabalha-se: Reconhecimento do corpo, suas partes e funções.

Descrição

Através das sombras de nosso corpo, brincaremos de descobrir nossas partes do corpo e os movimentos que com elas podemos fazer, buscando explorar movimentos novos com a ajuda de nossa sombra.

Desenvolvimento do jogo

Fixamos um lençol na parede e nos colocamos diante de uma lanterna (ou lâmpada) para projetar sua luz e sombra sobre o lençol.

Pedimos às crianças que não se sentem tão próximas ao cenário para que elas possam ver como são e como se movem as sombras. Aconselha-se a apagar as luzes da sala e fechar as persianas.

O jogo começa. Escolhemos uma primeira criança e a colocamos a uns dois metros do lençol e a uns dois metros da lanterna. Então uma sombra aparece. Chegou o momento de brincar, de mover-se, de agachar-se, de esticar-se, de girar, de mover as diferentes partes do corpo. Tudo é permitido para descobrir como se move essa silhueta negra e como ela reproduz o mesmo aspecto externo da criança (as tranças dos cabelos, a estatura, o volume do corpo...).

Outras aplicações

Este é um bom exercício para fazer com que a criança vá perdendo o medo da escuridão ou das sombras.

141 Soprando como o vento

O CORPO HUMANO

Objetivo: Exercitar os músculos bucofaciais e a respiração.

Material: Folhas de papel.

Trabalha-se: Coordenação dinâmica geral; controle da respiração.

Descrição

Nessa idade a criança já pode brincar de soprar, e deve fazê-lo aprendendo a controlar a força com que o faz. Para tanto, nada melhor que empurrar pedaços de papel em forma de veleiros, brincadeira com a qual a criança experimentará o controle da respiração e explorará novas possibilidades de seu próprio corpo.

Desenvolvimento do jogo

A primeira coisa a fazer é construir os barcos. Para tanto, as crianças amassam uma folha de papel e a modelam a seu gosto, personalizando assim o seu veleiro.

Todos os veleiros devem ser colocados atrás da linha de partida, previamente delimitada. O jogo consiste em soprar os barcos com a potência necessária para que avancem em linha reta até a meta. Quem será o primeiro a chegar?

Outras aplicações

Podemos organizar uma competição de veleiros fazendo eliminatórias por duplas para ver quem será o vencedor e procurando fazer com que os que no momento não estão competindo animem seus companheiros.

142 O que estás procurando?

PROPRIEDADES DOS OBJETOS

Objetivo: Explorar as qualidades dos objetos a partir da visão.

Material: Objetos e brinquedos da sala.

Trabalha-se: Observação e exploração direta de elementos do entorno.

Descrição

As crianças deverão identificar um objeto a partir das características que forem sendo mencionadas. Para tanto, elas deverão fixar-se bem nos elementos de seu entorno e procurar qual dos objetos se adequa ao que se fala, fazendo com que elas mantenham a atenção enquanto se define tal objeto, visando a captar todas as suas propriedades e, finalmente, identificando-o.

Desenvolvimento do jogo

Uma das crianças se coloca no centro da sala e explica a seus companheiros que ela gostaria de brincar com um dos muitos objetos que existem ao seu redor, e pergunta às outras crianças se elas poderiam ajudá-la a procurar um objeto específico.

Essa criança deve guiar seus companheiros para que eles possam encontrar facilmente o brinquedo procurado, dando-lhes pistas como: "Procuro um objeto fabricado com..."; "Procuro um objeto que me sirva para..." etc.

Outras aplicações

A primeira intervenção pode ser feita pelo educador a fim de que as crianças tenham uma referência e possam assim iniciar e dar continuidade à brincadeira.

143 Os sabores

PROPRIEDADES DOS OBJETOS

Objetivo: Explorar as qualidades dos objetos a partir do sabor.

Material: Mesas da sala.

Trabalha-se: Observação indireta de qualidades perceptíveis pelo sabor.

Descrição

Este é um jogo de evocação das qualidades gustativas de alimentos sem a presença dos mesmos, objetivando capacitar as crianças a recordar essas qualidades mesmo na ausência dos elementos, e para que elas desenvolvam sua memória sensorial.

Desenvolvimento do jogo

Dividimos o espaço em cinco áreas diferenciadas, utilizando, por exemplo, quatro mesas, e em cada uma delas colocando um cartaz com as palavras *doce, salgado, ácido* e *amargo*.

As crianças se colocam no outro lado da sala (no quinto espaço) e devem dirigir-se a uma das mesas, segundo o sabor que elas atribuírem ao alimento que lhes indicarmos.

Outras aplicações

Podemos ter em mãos alimentos para verificar o que dizemos, ou pedir às crianças que os provem em casa para recordar seu tipo de sabor.

144 Água clara

PROPRIEDADES DOS OBJETOS

Objetivo: Descobrir algumas qualidades da água.

Material: Copos transparentes, uma jarra com água, tinta, areia e pequenos objetos da sala.

Trabalha-se: Características de elementos naturais do meio ambiente.

Descrição

As crianças vão brincar com a água para descobrir uma de suas principais propriedades: a transparência. Com este jogo, elas mesmas compreenderão que, quanto mais sujarem a água, mais difícil será ver o objeto submergido em seu interior, que antes viam com total clareza. Além disso, elas aprenderão a fazer associações sobre materiais ou objetos de modo ordenado.

Desenvolvimento do jogo

Cada criança deve procurar um pequeno objeto da sala, como peças de construção, bolas, clips etc., e segurar em sua mão um copo com água pela metade. Em seguida, elas devem introduzir o objeto selecionado dentro e observar como a água transparente deixa ver o objeto submerso.

O passo seguinte consiste em turvar a água com areia ou tinta. Pouco a pouco, as crianças observarão que o objeto desaparece porque a água ficou suja e perdeu sua transparência.

Outras aplicações

O jogo nos permitirá falar da necessidade de cuidar da água e não a maltratar, explicando também que não se pode beber água de qualquer lugar.

145 Figurinhas de chocolate

PROPRIEDADES DOS OBJETOS

Objetivo: Distinguir algumas propriedades dos objetos, como “mole”, “duro”.

Material: Material da sala e barras de chocolate.

Trabalha-se: Experimentação e manipulação de elementos do ambiente imediato.

Descrição

Qual é a criança que não gosta de chocolate? Brincando como se fossem esse doce, as crianças compreenderão melhor os conceitos de “mole” e “duro”, além de poder experimentar e manipular esse produto para verificar pessoalmente esses conceitos.

Desenvolvimento do jogo

O jogo se desenvolve em uma fábrica de doces e as crianças vão converter-se em uma massa de chocolate sem forma: podem estar no chão, deitadas, de joelhos...

Chega então um fabricante de chocolate (uma das crianças) e começa a modelar a massa de chocolate até conseguir umas preciosas figurinhas. Para que não se estraguem, ele as leva até a geladeira, pois, com o frio, elas se conservam muito melhor e endurecem.

Em seguida aparece um comprador (outra criança) e começa a levar para o seu caminhão todas as figurinhas (as crianças o seguem fazendo um trem). Porém, a meio-caminho de casa, o caminhoneiro para porque está com sono. Enquanto dorme, o sol esquenta as paredes do caminhão e as figurinhas começam a se derreter com o calor (as crianças adotam um aspecto mole).

Quando o comprador acorda, se dá conta do desastre e as leva correndo para a geladeira de sua casa, onde pouco a pouco elas voltam a ter um aspecto duro.

Outras aplicações

Podemos levar para a sala de aula pedaços de chocolate, mostrar seu aspecto duro e manipulá-los até que amoleçam.

146 Bolsa pesada, bolsa leve

PROPRIEDADES DOS OBJETOS

Objetivo: Distinguir algumas propriedades dos objetos como “pesado” e “leve”.

Material: Duas bolsas e objetos da sala.

Trabalha-se: Exploração de qualidades dos objetos com o tato.

Descrição

O sentido do tato exerce um papel muito importante na percepção sensorial dos elementos do entorno e nos ajuda a reconhecer se um objeto é pesado ou leve. Com esta brincadeira, além de trabalhar esses dois conceitos, também melhoraremos a memorização visual de dados obtidos pela observação, de maneira que a criança vai retendo mentalmente por mais tempo as formas e qualidades sensoriais dos objetos.

Desenvolvimento do jogo

Preparamos a brincadeira colocando em um canto da sala muitos objetos e brinquedos de diferentes pesos.

Com uma venda, tapamos os olhos da primeira criança que vai brincar para que ela não possa enxergar nada. O resto da turma se aproxima do canto onde estão os objetos, seleciona alguns deles e os coloca em uma bolsa onde está escrito “pesado”, ou em uma outra bolsa onde está escrito “leve”.

Em seguida aproximamos das duas bolsas a criança dos olhos vendados, tiramos-lhe a venda e lhe pedimos que nos diga qual das bolsas pesa mais e qual delas pesa menos, e por quê.

Outras aplicações

A criança poderá colocar a mão dentro da bolsa e tentar adivinhar com o tato os objetos pesados e leves que foram escolhidos por seus companheiros.

147 Brincando com as formas

CORES, NÚMEROS E FORMAS

Objetivo: Reconhecer diferentes formas no espaço.

Material: Blocos lógicos.

Trabalha-se: Percepção sensorial de elementos do entorno, em função de sua morfologia.

Descrição

Nesta atividade as crianças observarão alguns objetos (os blocos lógicos) nos quais identificarão formas geométricas conhecidas que, pouco a pouco, as levarão a memorizar sua forma. Essa retenção mental vai se ampliando sempre mais, especialmente se, de tempos em tempos, potenciarmos sempre mais as crianças com diferentes jogos.

Desenvolvimento do jogo

As crianças escolhem um de seus coleguinhas para que inicie o jogo. Juntos esclarecem os movimentos que devem ser realizados, de acordo com a figura que for selecionada da caixa de blocos lógicos.

Por exemplo: se a criança tirar da bolsa uma peça com forma de círculo, seus companheiros devem deitar-se no chão e dormir; se tirar uma peça retangular, as crianças devem levantar-se e pular; se a peça escolhida for quadrada, devem bater palmas com os outros companheiros.

Quando todos tiverem clareza do que devem fazer, uma criança coloca sua mão na bolsa e tira uma peça que nomeia em voz alta enquanto seus companheiros realizam corretamente o exercício combinado. A peça é então reintroduzida na caixa e outra criança é convidada a tirar outra peça, continuando assim a brincadeira.

Outras aplicações

Uma vez retirada a figura de dentro da bolsa, seria interessante que a criança que o fez desenhe na lousa tal figura, a fim de reforçar o conhecimento de sua forma.

148 Brincando com os tamanhos

CORES, NÚMEROS E FORMAS

Objetivo: Reconhecer as noções de "grande", "médio" e "pequeno".

Material: Um pandeiro e objetos ou desenhos de objetos.

Trabalha-se: Comparação das diferenças relativas de tamanho entre objetos concretos.

Descrição

As crianças devem aprender a reconhecer as diferenças de tamanho dos objetos. Para tanto, introduziremos os conceitos de "grande", "médio" e "pequeno". A comparação entre objetos e sua classificação a respeito de suas dimensões as fará compreender esses conceitos, ao mesmo tempo em que adquirem um vocabulário preciso.

Desenvolvimento do jogo

Todas as crianças se distribuem livremente pela sala procurando ocupar todo o espaço. No centro colocamos vários objetos ou desenhos de tamanhos diferentes.

Entregamos um pandeiro a uma criança, que se converte em chefe da equipe e, quando ela julgar oportuno, dará uma palmada no instrumento e dirá em voz alta um dos três tamanhos estudados: grande, médio, pequeno. O resto da turma vai criando rapidamente conjuntos com os objetos, segundo o tamanho sugerido.

Outras aplicações

Esta é uma ótima ocasião para observar como agem e se organizam as crianças neste jogo: se existe um pouco de caos, se alguém exerce espontaneamente a função de líder, como vão se formando os grupos etc.

149 Conto pontos vermelhos

CORES, NÚMEROS E FORMAS

Objetivo: Avançar na série numérica.

Material: Cartões com pontos desenhados e cartões com números escritos.

Trabalha-se: Série numérica: representação gráfica e significado.

Descrição

Se as crianças já dominam corretamente a série numérica de 1 a 10, agora podemos ampliá-la até 20 através deste simples jogo no qual a criança deve contar os elementos de um agrupamento de pontos e buscar sua representação gráfica, o que a ajudará a interpretar a relação quantitativa representada graficamente.

Desenvolvimento do jogo

Cortamos 20 cartões de cartolina branca e pintamos neles pontos grossos de cores vivas (vermelho, azul ou alaranjado) da seguinte maneira: um ponto no primeiro cartão, dois pontos no segundo, três pontos no terceiro, e assim sucessivamente até chegar ao número 20.

O jogo consiste em mostrar às crianças, de um em um, estes cartões. Uma vez que a criança os viu, e tendo contado mentalmente os pontos, em silêncio ela deverá ir até onde se encontram os cartões com os números escritos e selecionar aquele que corresponda ao número dos pontos.

Outras aplicações

Para grupos mais numerosos, podemos brincar com cartões repetidos, entretanto, por ora, somente com números de 1 a 20.

150 Brinco de ser o primeiro

CORES, NÚMEROS E FORMAS

Objetivo: Identificar os conceitos de "primeiro" e "último".

Material: Uma corda e música ambiente.

Trabalha-se: Relações espaciais.

Descrição

Possivelmente, através de jogos competitivos que elas tenham realizado, as crianças já conheçam os conceitos de "primeiro" e "último". Agora vamos reforçar esse conhecimento com este jogo dinâmico de aplicação dessas noções espaciais básicas.

Desenvolvimento do jogo

Todos os alunos se colocam à escuta de uma música e dançam livremente, enquanto colocamos uma corda no meio da sala.

Quando a música para, eles devem ficar atentos à ordem que vai indicar se eles devem ser os "primeiros" ou os "últimos da fila".

Assim, se o que eles ouvem for a palavra "primeiro", todos devem correr para tentar alcançar esse posto. Se, ao contrário, a palavra de ordem for "último", então seus deslocamentos devem ser lentos para deixar-se ultrapassar pelo maior número possível de companheiros.

Outras aplicações

É importante explicar às crianças, antes de começar a brincadeira, que o jogo é para diversão, que ele não deve ser uma competição, e que elas não podem empurrar-se nem brigar para alcançar o posto sugerido.

151 Chapeuzinho Vermelho visita sua avó

CORES, NÚMEROS E FORMAS

Objetivo: Introduzir o conceito matemático de adição ou soma.

Material: Argolas e giz.

Trabalha-se: Série numérica.

Descrição

Para introduzir as crianças no mecanismo da soma vamos brincar contando com elas desde o mais concreto dos substantivos até alcançar o mais abstrato. Como em outros jogos, também faremos com que nossos alunos aprendam a verbalizar os resultados das observações que realizam.

Desenvolvimento do jogo

Colocamos as argolas uma atrás da outra formando um caminho. Podemos basear o jogo no conto da menina do Chapeuzinho Vermelho e colocar em um extremo da fila sua casa e no outro extremo a casa de sua avó. Dentro das argolas escrevemos com números grandes a série de 1 a 10.

O jogo começa com um voluntário que se coloca na casa de Chapeuzinho Vermelho. Explicamos às crianças que nosso amigo deve avançar pelo caminho até chegar à casa da avó.

Ele se coloca então na argola de número 1 e lhe pedimos que faça três passos. Nosso amiguinho avança imediatamente e perguntamos à turma em qual argola ele se encontra. A conclusão à qual as crianças devem chegar é: "Se estava na argola 1 e deu três saltos, ele se encontra na argola 4"; ou seja, "$1 + 3 = 4$". E ele continua avançando até chegar à casa da avó.

Outras aplicações

Antes de começar pediremos às crianças que nos contem o resto da história da menina do Chapeuzinho Vermelho, para que todas relembrem esse conto.

152 Presenteio e somo

CORES, NÚMEROS E FORMAS

Objetivo: Introduzir o conceito matemático de adição ou soma.

Material: Massinha vermelha e cestas.

Trabalha-se: Operações elementares: a adição ou a soma.

Descrição

Para continuar trabalhando a soma, brincamos de presentear. O jogo consiste em captar a ideia de presentear, adicionar e, portanto, somar. A criança também deverá aplicar conhecimentos de modelagem de massinha e dividir sua atividade com um companheiro.

Desenvolvimento do jogo

Os alunos se dividem em duplas e lhes entregamos um pedaço de massinha que deve ser compartilhada.

Um companheiro da dupla, que adora cerejas, celebra seu aniversário. Seu amigo sabe disso e decide presenteá-lo com várias cerejas.

Ambos fabricam então bolas com massinha vermelha, simulando cerejas. O aniversariante já tem algumas em sua cesta, e quando seu amigo o presenteia com mais algumas, ambos passam a contar o número total de cerejas contidas na cesta.

"Inicialmente eu tinha três cerejas, e você me deu mais quatro. Portanto, agora tenho um total de sete cerejas"; ou seja, "$3+4=7$".

Outras aplicações

Ensinamos às crianças como fazer as cerejas para que, ao olhar como as fazemos, elas nos imitem.

153 Chapeuzinho Vermelho volta para a sua casa

CORES, NÚMEROS E FORMAS

Objetivo: Introduzir o conceito matemático da subtração.

Material: Argolas e giz colorido.

Trabalha-se: Conceito de subtração (em oposição à adição).

Descrição

Introduziremos as crianças no conceito de subtração, continuando a história iniciada no jogo "Chapeuzinho Vermelho visita sua avó", aproveitando que nossas crianças apreciam melhor o conceito de subtração se o identificarem com o retorno para casa.

Desenvolvimento do jogo

Contamos às crianças que depois de ter visitado a vovozinha, Chapeuzinho Vermelho deve voltar para casa, onde sua mãe a espera para o jantar.

As argolas devem se ordenadas como no jogo de número 151, escrevendo-se novamente os números de 1 a 10 em seu interior, mas dessa vez colocaremos a criança na casa da vovó, isto é, na argola de número 10.

Para voltar para sua casa, a criança deve retroceder pelo caminho. Se ela está na argola de número 10 e faz quatro saltos para trás, onde ela se encontra? O objetivo é que as crianças entendam que "10-4 = 6".

E prosseguiremos a brincadeira até que a criança chegue finalmente em sua casa.

Outras aplicações

Para reforçar a ideia de retroceder, podemos fazer com que a criança dê os passos entre as argolas andando para trás.

154 Faço magia subtraindo

CORES, NÚMEROS E FORMAS

Objetivo: Trabalhar o conceito matemático da subtração.

Material: Um lenço grande e brinquedos da sala.

Trabalha-se: Operações elementares; a diminuição como subtração de elementos.

Descrição

Com este jogo queremos que as crianças captem a ideia de que brincar de diminuir equivale a subtrair, a fim de iniciá-las nas operações matemáticas com agrupamento de elementos; neste caso, separando-os ou retirando-os, isto é, subtraindo. Além disso, também conseguiremos uma melhora na memorização visual dos objetos, fazendo com que a capacidade de retenção seja cada vez maior.

Desenvolvimento do jogo

O jogo consiste em transformar os alunos em magos que fazem as coisas desaparecerem.

As crianças se colocam ao redor da mesa para ver com clareza os truques de magia que vamos realizar.

Colocamos então oito brinquedos da sala sobre a mesa e todos juntos os contamos. Em seguida colocamos um grande lenço sobre os objetos e, enquanto todos juntos pronunciamos algumas palavras mágicas, fazemos desaparecer alguns, escondendo-os debaixo da mesa.

Feito isto, pedimos às crianças que contem novamente quantos brinquedos restaram sobre a mesa. O raciocínio a que se deve chegar é o seguinte: se havia 8 objetos e restam 5, então desapareceram 3; ou seja, "8-5 = 3".

Outras aplicações

Quando as crianças já sabem quantos objetos desapareceram, podemos perguntar quais objetos estão faltando, verificando um por um.

155 Números fora de ordem

CORES, NÚMEROS E FORMAS

Objetivo: Reconhecer as séries numéricas.

Material: Cartões com os números de 1 a 50 e uma caixa.

Trabalha-se: Relações quantitativas: as séries numéricas.

Descrição

Agora forçaremos a criança a localizar erros em uma série numérica comparando-a com a que mentalmente ela já conhece, reforçando assim sua memória numérica ao mesmo tempo em que ela aprende a desenvolver estratégias diante de uma situação que deve ser revolvida mediante conhecimentos matemáticos.

Desenvolvimento do jogo

Todas as crianças se sentam em círculo olhando para o centro da sala, onde é colocada uma caixa com cartões numerados de 1 a 50.

Escolheremos então uma criança para que se vire de costas para a caixa enquanto montamos com as outras crianças uma série de números em uma sequência com erros. Por exemplo: primeiro colocamos a série de 1 a 10 em ordem e pedimos a uma criança que mude a ordem de alguns números. Feito isso, pedimos à criança que estava de costas para que encontre o erro que existe na série.

Cada vez podem ser criadas séries mais difíceis com números de 1 a 50, segundo a experiência e a capacidade das crianças.

Outras aplicações

Ao invés de mudar a ordem dos números, podemos esconder alguns deles, e pedir que as crianças verifiquem quais estão faltando.

156 Procuro meu número

CORES, NÚMEROS E FORMAS

Objetivo: Avançar no domínio da série numérica.

Material: Cartões com números de 1 a 50 e música ambiente.

Trabalha-se: Identificação de números de 1 a 50.

Descrição

Com este jogo as crianças se familiarizarão com a grafia dos números de uma forma divertida, elaborando agrupamentos de números iguais, ao mesmo tempo em que verbalizam seu número.

Desenvolvimento do jogo

Enquanto a música toca, as crianças dançam livremente, acompanhando seu ritmo. Paralelamente entregamos um cartão para cada criança. Nele está escrito um número de 1 a 10.

Quando a música para, as crianças devem olhar o cartão e sair à procura dos outros companheiros que tenham o mesmo número, a fim de formar uma equipe.

Superada a primeira série de números, podemos confeccionar mais cartões com os números de 10 a 20, de 20 a 30 etc., e continuar a brincadeira.

Outras aplicações

Para memorizar melhor o seu número, cada criança, enquanto procura seus companheiros pela sala, pode repetir em voz alta o próprio número.

157 Cheio, por favor!

CORES, NÚMEROS E FORMAS

Objetivo: Identificar os conceitos de "cheio" e "vazio".

Material: Arroz, copos e baldes.

Trabalha-se: Comparações entre medidas.

Descrição

Continuamos introduzindo noções básicas de quantificação. Agora chegou a vez dos conceitos de "cheio" e "vazio". As crianças vão experimentar essas noções novas colocando ou tirando arroz de um copo, seguindo algumas instruções dadas, que neste caso são as de fazer o contrário do que faz o chefe, com as quais elas aprendem a contrapor essas duas noções.

Descrição

Distribuímos a turma por equipes e colocamos dois copos e um balde com arroz sobre a mesa de cada equipe.

O jogo consiste em fazer o contrário do que o chefe da mesa faz. Este decide se enche ou se esvazia cada copo de arroz e as outras crianças devem fazer o contrário. Por exemplo: se o chefe encheu um copo e deixou o outro vazio, o jogador seguinte deve esvaziar o copo cheio e encher o vazio com o arroz que está no balde.

Outras aplicações

Podemos complicar o jogo oferecendo a possibilidade de encher e esvaziar meio copo.

158 Formando pares

CORES, NÚMEROS E FORMAS

Objetivo: Conhecer o conceito "par".

Material: Objetos da sala.

Trabalha-se: Reconhecimento de objetos repetidos: conceito "par".

Descrição

Este jogo exige que as crianças identifiquem pares de objetos com características iguais e os agrupem, procurando conhecer o ou os atributos que definem cada par de elementos em contraposição aos demais, expressando verbalmente os resultados no final para reforçar o aprendido.

Desenvolvimento do jogo

Antes de começar o jogo é preciso que as crianças compreendam o sentido matemático de "par" com exemplos como: dois sapatos para caminhar, duas meias para os pés, duas luvas para usar no frio, duas lentes de contato para os olhos, dois lápis para escrever, duas borrachas para apagar etc.

Vamos montar a tenda dos objetos "pares". Para tanto, cada criança deve procurar na sala algo par, isto é, duas coisas iguais, para vender nesse estabelecimento. Quem encontrará mais objetos pares?

Outras aplicações

Depois do jogo podemos escrever na lousa a lista de coisas pares que encontramos, resolver dúvidas e ampliar a lista com outros objetos.

159 Corrida de dez atletas

CORES, NÚMEROS E FORMAS

Objetivo: Conhecer os números ordinais de 1 a 10.

Material: Pedaços de tecido com números de 1 a 10.

Trabalha-se: Iniciação ao número natural.

Descrição

Com este jogo ativo reforçaremos o conhecimento que nossos alunos já têm dos números de 1 a 10, trabalhando também sua seriação mediante a construção de sequências de pedaços de tecido, além de introduzir seu domínio segundo sua ordem.

Desenvolvimento do jogo

Escolhemos dez atletas e lhes colocamos indistintamente pedações de tecido com números de 1 a 10. Outra criança fará o papel de juiz e liderará a corrida.

Caberá ao juiz colocar de maneira ordenada os dez atletas, enquanto vai repassando as posições em voz alta: primeiro, segundo, terceiro, quarto... até o décimo.

Quando tocar o sinal, os atletas começam a correr em direção à meta. Quem chegar primeiro assumirá a função de juiz com dez novos atletas.

Outras aplicações

Aproveitaremos a ocasião para recordar os conceitos de "primeiro" e "último", já vistos anteriormente, realçando também que o importante é participar e se divertir.

160 As hortaliças

CIÊNCIAS NATURAIS

Objetivo: Observar o processo vital de uma planta.

Material: Sementes de hortaliças, terra, pratos de plástico fundos e água.

Trabalha-se: Observação e exploração direta de elementos naturais.

Descrição

Vamos brincar de plantar, cuidar e limpar a nossa pequena horta. Com essa atividade as crianças aprenderão de um modo experimental as distintas etapas na vida de uma planta, assim como suas necessidades principais, desenvolvendo hábitos de constância em sua observação e cuidado.

Desenvolvimento do jogo

Formamos uma equipe para cada mesa da sala e preparamos um prato fundo de plástico ou qualquer outro recipiente para cada criança. Também devemos já ter preparado um saco de terra fértil e sementes de hortaliças.

Em seguida pediremos que cada criança encha seu prato de terra, que cubra sua superfície com as sementes e coloque sobre elas um pouco mais de terra. Por fim, elas devem regar as sementes com um pouco de água e colocar os pratos ao sol.

O cuidado deve ser diário: verificar, por exemplo, se o prato tem água suficiente e se está exposto à luz e ao calor. Ao cabo de algumas semanas as crianças perceberão que as sementes começam a brotar. Elas poderão replantá-las em um recipiente maior ou levá-las para casa.

Outras aplicações

Essa é uma atividade que requer tempo, por isso as crianças aprenderão que determinados processos exigem paciência, que nem tudo é imediato.

161 O mercadinho verde

CIÊNCIAS NATURAIS

Objetivo: Reconhecer os benefícios que as plantas oferecem.

Material: Brinquedos, estampas ou desenhos de plantas.

Trabalha-se: Conhecimento de algumas plantas e sua utilidade para as pessoas.

Descrição

Com estampas ou desenhos de plantas as crianças vão recriar um mercadinho verde, onde venderão todo tipo de plantas. Isso as levará a aprofundar um pouco mais o conhecimento do reino vegetal e do emprego que o homem faz das plantas em benefício próprio, seja por sua alimentação, sua ornamentação, seu emprego na medicina etc.

Desenvolvimento do jogo

Formamos vários grupos e a cada um damos um desenho de uma espécie de planta diferente. É importante que haja verduras, frutas, flores, plantas aromáticas e medicinais.

Uma vez formados os grupos, estes se encaminharão para as respectivas mesas para vender seus produtos. O jogo consiste em vender-nos suas plantas explicando-nos seus benefícios. Algo assim: "Compre estas flores que são plantas muito bonitas para decorar sua casa (margaridas, rosas, tulipas, orquídeas...)"; "Compre estes tubérculos gostosos (batatas, rabanetes, cenouras, nabos...)"; "Compre estas verduras frescas (espinafre, acelgas, alface, repolho...)"; "Quem quer plantas para curar-se (camomila, menta, erva-cidreira...)?"

Outras aplicações

Podemos fazer uma lista geral de plantas montada pelas próprias crianças ajudadas pelo educador.

162 Brincamos com a energia

CIÊNCIAS NATURAIS

Objetivo: Descobrir as principais fontes de energia.

Material: Objetos da sala.

Trabalha-se: Principais fontes de energia.

Descrição

É muito importante que a criança conheça as principais fontes de energia, seu emprego etc., e que ela compreenda a necessidade de economizar energia não somente pelo benefício econômico, mas também como meio de conservar melhor o meio ambiente.

Desenvolvimento do jogo

Antes de iniciarmos o jogo, devemos explicar detalhadamente que a energia é a força que as pessoas necessitam para poder fazer alguma atividade e recordar que existem jogos que requerem mais força do que outros, como correr, carregar um amigo nas costas, transportar algo pesado etc.

Em seguida apresentamos diferentes tipos de tração e energia como a animal, a humana, a mecânica ou elétrica.

O jogo consiste em representar situações nas quais necessitamos destas energias. Por exemplo: a força do cavalo para levar-nos nas costas ou a força dos cachorros para puxar o trenó, a força que se faz para encher um balão, a força do motor para que um automóvel funcione etc.

Outras aplicações

Também podemos ensinar as crianças a economizar energia e falar-lhes da importância disso, fazendo com que elas apaguem as luzes desnecessárias etc.

163 As árvores

CIÊNCIAS NATURAIS

Objetivo: Reconhecer diferentes tipos de árvores.

Material: Brinquedos, estampas e desenhos de árvores.

Trabalha-se: Características das árvores.

Descrição

Com este jogo faremos com que as crianças se fixem nas árvores, conheçam as do seu entorno e algumas de outros países. O jogo não se restringe ao encontro na sala de aula, mas aproveitaremos qualquer saída ao pátio ou fora da escola para, ao ver uma árvore, tentar identificar sua espécie e lembrar suas características principais.

Desenvolvimento do jogo

Antes de iniciar o jogo devemos perguntar às crianças se elas conhecem muitas árvores, se todas são iguais, se no outono elas perdem as folhas, de que cor elas são etc. Com as respostas que obtivermos teremos material suficiente para introduzir-nos no jogo das árvores.

Mostraremos então às crianças desenhos ou maquetes de árvores com as espécies que estão no nosso entorno e espécies menos conhecidas que se encontram em lugares mais distantes. Juntos nomearemos as árvores e descreveremos suas qualidades: se elas têm folhas perenes ou caducas, o tamanho de suas folhas, a cor etc.

Uma vez dominado o conhecimento das espécies, dividiremos os desenhos entre as crianças. Estas, ao ouvir o sinal, se reúnem segundo a ordem que dermos: "árvores de folhas perenes", "árvores de folhas largas", "árvores de folhas finas..."

Outras aplicações

Ao sairmos para o pátio ou para alguma excursão nos fixaremos nas árvores que encontrarmos e determinaremos sua espécie revendo suas características para reforçar o aprendido.

164 As fruteiras

CIÊNCIAS NATURAIS

Objetivo: Reconhecer os diferentes frutos obtidos das árvores.

Material: Desenhos ou estampas de árvores frutíferas e suas frutas.

Trabalha-se: Frutas comestíveis de árvores conhecidas.

Descrição

A criança deve reconhecer as árvores das quais provém a fruta que ela diariamente come em casa ou na escola, assim como os tipos principais de frutas que existem (suculentas e secas), como são consumidas etc. Tudo isso orientado também para uma alimentação sadia, variada e completa, a qual deve incluir diariamente frutas.

Desenvolvimento do jogo

Em uma conversa inicial dialogamos com nossos alunos para identificar as árvores frutíferas (pereira, laranjeira, macieira, ameixeira...) e as ornamentais.

Concentramos nossa atenção nas frutas, e as distinguiremos entre secas (nozes, castanhas, amendoim...) e suculentas (peras, maçãs, laranja...).

Para iniciar a brincadeira, escolhemos dois alunos que serão os compradores de frutas. Um deles se interessa apenas pelas frutas secas, ao passo que o outro só se interessa pelas frutas suculentas.

As outras crianças permanecem sentadas do outro lado dos postos de venda. Dividimos os desenhos ou as estampas de frutas secas em uma mesa e os das frutas suculentas em outra mesa. Então pediremos que cada criança se aproxime de uma das mesas, escolha o tipo preferido de fruta e explique ao vendedor porque escolheu tal fruta e porque está interessado em comprá-la.

Outras aplicações

Aproveitaremos este jogo para insistir na necessidade de comer frutas variadas todos os dias.

165 As crianças da previsão do tempo

CIÊNCIAS NATURAIS

Objetivo: Observar as mudanças meteorológicas que ocorrem em nosso entorno.

Material: Cartões meteorológicos.

Trabalha-se: O tempo atmosférico como elemento configurador de nosso entorno.

Descrição

Com certeza as crianças se dão conta de que o tempo atmosférico influi em suas vidas. Com este jogo as ajudaremos a fixar-se nas condições meteorológicas a fim de que possam prever quais atividades poderão fazer, que roupa vestir etc., e lhes mostraremos que o tempo é algo inconstante, especialmente em alguns períodos do ano.

Desenvolvimento do jogo

Antes de iniciar o jogo mostraremos às crianças os cartões meteorológicos que fizemos em casa ou, se preferirmos, pediremos que ajudem a confeccioná-los na hora. Esses cartões devem representar as distintas situações meteorológicas que habitualmente ocorrem em nosso entorno. Por exemplo: o desenho de um grande sol para um dia ensolarado; um sol encoberto pelas nuvens para um dia nublado; gotas de água para um dia chuvoso; uma nuvem soprando forte para um dia com muito vento etc.

O jogo pode ser repetido todas as manhãs por uma criança diferente. Ela se aproximará do painel onde estão todos os cartões e selecionará o cartão oportuno, explicando ao resto da turma as previsões para o dia e o tipo de roupa que devem vestir ao sair de casa.

Outras aplicações

A criança da meteorologia também será a responsável nesse dia por mudar o cartão meteorológico, caso o tempo mude ao longo da jornada.

166 O ar puro

CIÊNCIAS NATURAIS

Objetivo: Valorizar a importância do ar no meio ambiente e para a vida do homem.

Material: Nenhum.

Trabalha-se: Conscientização ecológica.

Descrição

Com esta atividade vamos brincar de respirar, uma ação vital para todos, já que sem respirar é impossível viver. Além disso, é necessário que o ar que respiramos seja puro e limpo. Ao reconhecer algumas das fontes de contaminação a criança se sentirá motivada a agir para melhorar o meio ambiente.

Desenvolvimento do jogo

O jogo consiste em encenar a vida das árvores e das plantas que vivem em um parque com ar puro. Pouco a pouco os habitantes da cidade sujam o parque e o ar se torna escuro por causa das chaminés, dos automóveis etc. Os plásticos, os papéis e o lixo não deixam as árvores e a grama do parque respirar e a vegetação pouco a pouco vai morrendo. O vento não sopra e as plantas se afogam.

Vamos tentar uma solução? Que tal recolhermos o lixo para evitar tanta contaminação? Assim, o ar começa a circular novamente e a vegetação fica mais verde e florida.

Outras aplicações

Podemos realizar muitas outras atividades de educação ecológica para que as crianças aos poucos tomem consciência do cuidado que devemos ter para com o meio ambiente.

167 Conversando nos entendemos

EXPRESSÃO ARTÍSTICA

Objetivo: Desenvolver a comunicação e a capacidade criadora.

Material: Objetos da sala, fantasias e roupas.

Trabalha-se: Expressão verbal; resolução de conflitos.

Descrição

Através deste jogo simbólico buscaremos reproduzir situações vividas anteriormente na vida diária ou imaginária das crianças, a fim de que elas aprendam a enfrentá-las com serenidade e sem crispação, e para que saibam a quem recorrer em cada momento.

Desenvolvimento do jogo

Depois de dividirmos a turma em duplas, atribuiremos a cada um de seus membros um papel a representar diante dos outros companheiros, a fim de que todos possam aprender juntos.

Dessa maneira, observaremos o que acontece quando, por exemplo, uma criança se perde na rua e se aproxima de um guarda, como ela se apresenta a si mesma, como ela narra o que lhe aconteceu, e como o guarda a tranquiliza e a ajuda a encontrar seus pais.

Também podemos representar uma situação mais cotidiana, como a de um professor e seu aluno que dialogam sobre como realizar um exercício. Ou inclusive entre o cãozinho agradecido e seu dono, que lhe dá de comer e cuida dele com esmero. Para as apresentações, as crianças podem usar o material da sala e até mesmo vestir-se a caráter.

Outras aplicações

Outra opção é representar um conflito entre duas crianças e fazer com que o resolvam pondo-se de acordo, cada uma cedendo um pouco.

168 O jogo dos filmes

EXPRESSÃO ARTÍSTICA

Objetivo: Conhecer diferentes meios de comunicação.

Material: Objetos da sala e fantasias ou roupas.

Trabalha-se: Imitação, imaginação e desenvolvimento da memória.

Descrição

Um grupo de crianças deve representar um filme. Para tanto, ele deverá esforçar-se para recordar e interpretar seus personagens de uma maneira convincente, melhorando a expressão gestual e corporal, enquanto as outras crianças tentam interpretar a linguagem corporal de seus companheiros, buscando relacioná-la com um filme que conhecem.

Desenvolvimento do jogo

Para motivar as crianças começaremos a atividade perguntando-lhes qual foi o último filme que elas assistiram, se foi na televisão ou no cinema, se elas gostaram do filme, se era uma história de desenho animado ou de atores que contavam uma história.

Para iniciar o jogo formaremos grupos. Um deles se separa da turma para pensar em conjunto qual filme apresentar. O grupo divide entre si os personagens e juntos devem lembrar a trama e o final do filme.

Passados alguns minutos, o grupo se aproxima de seus companheiros e, com mímicas, deve tentar contar o filme para que o resto da turma adivinhe de qual se trata. Uma vez acertado o nome do filme, outro grupo prepara e apresenta outra representação.

Outras aplicações

Para facilitar o jogo, as crianças que devem acertar o nome do filme podem fazer perguntas às quais só se pode responder com um sim ou um não.

169 As ondas do mar

EXPRESSÃO ARTÍSTICA

Objetivo: Realizar exercícios de grafomotricidade.

Material: Massinha de modelar azul e areia fina.

Trabalha-se: Motricidade fina; técnicas de modelagem.

Descrição

Este jogo combina duas atividades cujo objetivo é o mesmo: progredir no domínio da motricidade fina e favorecer ao mesmo tempo o desenvolvimento da grafomotricidade, além de inculcar em nossas crianças hábitos de limpeza e ordem.

Desenvolvimento do jogo

Em uma superfície lisa e quadrada, que pode ser uma mesa, as crianças vão representar as ondas do mar com massinha de modelar azul. Elas devem amassar e fazer rodar um pedaço de massinha azul até conseguir uns churros finos. Com os churros elas desenham as ondas, uma ao lado da outra, deixando uma separação de uns dois centímetros entre elas.

Em seguida, elas devem encher as mãos de areia fina e preencher com ela os espaços entre a massinha azul, deixando que a areia escorra pouco a pouco por entre os dedos.

Ao terminar a brincadeira é bom lembrar às crianças que brincar é divertido, mas também precisamos deixar o lugar limpo e em ordem. Assim, dedicaremos uns minutos para limpar a superfície utilizada, deixando as coisas em seus devidos lugares.

Outras aplicações

Antes de desmontar as ondas, aproveitaremos a ocasião para falar às crianças de um lugar que certamente as encanta, que é a praia, o que fazemos nela, quando a frequentamos...

170 A orquestra de sons

EXPRESSÃO ARTÍSTICA

Objetivo: Reproduzir diferentes sons com as partes do corpo.

Material: Um giz.

Trabalha-se: Discriminação de sons; conhecimento do próprio corpo.

Descrição

Brincar de reproduzir sons é uma atividade que encanta as crianças. Com este jogo elas vão aprender a produzir sons com partes de seu corpo, descobrindo novas possibilidades de expressão até agora inéditas, ao mesmo tempo em que aprendem a expressar-se com espontaneidade e acompanhar uma ordem estabelecida.

Desenvolvimento do jogo

Desenhamos um círculo no centro da sala e pedimos às crianças que se coloquem ao seu redor.

Escolhemos uma criança, que ficará no centro do círculo, e que exercerá a função de regente da orquestra dos sons. Ela assume como referência um de seus companheiros e lhe dá a ordem de começar a compor os sons.

O regente lhe diz o som que deve ser feito com o corpo (bater palmas) e a hora de começar. E assim sucessivamente com as outras crianças. Estas devem prestar muita atenção para não se antecipar, podendo realizar o som somente quando o regente o ordenar.

Quando tiverem apresentado o som ordenado pelo regente, a brincadeira recomeça com outro tipo de som corporal (p. ex., bater as palmas das mãos nas pernas etc.).

Outras aplicações

O educador pode começar fazendo o papel de regente de orquestra para que as crianças fixem bem como ele o faz... E deixem voar a imaginação quando chegar sua vez de reger a orquestra.

171 O homem feliz

EXPRESSÃO ARTÍSTICA

Objetivo: Reproduzir distintas intensidades e tons de voz.

Material: Nenhum.

Trabalha-se: Imitação e representação com o gesto; movimentos corporais.

Descrição

Neste jogo as crianças devem ouvir um conto e imitar o que seu protagonista faz. Para tanto elas devem aprender a escutar com atenção, expressando, mediante a mímica, as diversas situações pelas quais o protagonista passa, aprendendo a manifestar gestualmente sentimentos e atitudes da vida cotidiana.

Desenvolvimento do jogo

Começamos explicando a história de um homem feliz, que todas as manhãs acordava radiante (andar sorridente). Ele saía de sua casa para o trabalho e não parava de sorrir enquanto caminhava, e caminhava... Aos poucos ele se cansava (começa a caminhar cabisbaixo), mas sem deixar de sentir-se feliz. Não perdia o bom humor nem quando estava a ponto de perder o ônibus (começa a correr), gritando para que o motorista o esperasse. Ele sempre vivia sorridente e feliz!

Podemos contar aventuras que envolvem situações de medo, de frio, de sono, ou qualquer atitude que seja fácil de interpretar. Também podemos incluir no relato diferentes vozes que o protagonista pode reproduzir (voz de resfriado, voz afônica, voz de velho, voz de bebê etc.).

Outras aplicações

Quando fizermos gestos ou dissermos algo com uma voz especial, podemos pedir às crianças que nos imitem para que não reconheçam apenas diferentes tons de voz, mas para que também aprendam a aplicá-los em diversas situações.

172 A carta da bruxa Abelinda

EXPRESSÃO ARTÍSTICA

Objetivo: Reproduzir diferentes sons com as partes do corpo.

Material: A carta da bruxa.

Trabalha-se: Expressão e manifestação corporal; acompanhamento de ordens.

Descrição

Nesta atividade as crianças devem realizar as ações que indicarmos, melhorando sua capacidade imitadora através da representação corporal de uma obra inventada em um ambiente de certa solenidade, que permitirá igualmente deixar voar a imaginação e superar temores diante do desconhecido.

Desenvolvimento do jogo

O jogo começa lendo-se a carta recebida de uma velha amiga, a bruxa Abelinda. Ela nos escreveu para oferecer-nos um ritual para espantar os fantasmas. Quem quer participar deste ritual?

Todos os "pequenos bruxos" se colocam em um círculo ao nosso redor acompanhando as ordens dos versos. Devemos manter uma atitude solene e cerimoniosa enquanto recitamos as frases que acompanham o ritual que nos vai salvar de dançar a noite inteira com os fantasmas:

"Socamos levemente a cabeça, damos algumas palmadas no traseiro, beliscamos a orelha, e saltamos dez vezes na direção da porta.

Jogamo-nos ao chão e nos levantamos, voando como um beija-flor.

Por fim, damos voltas sem cessar, a fim de que os fantasmas desapareçam de vez!"

Outras aplicações

Este jogo pode servir para afastar temores e para falarmos com naturalidade deles, visando a encará-los mais tranquilamente.

173 Os marcianos do planeta Bocamarte

EXPRESSÃO ARTÍSTICA

Objetivo: Reproduzir sons com a boca.

Material: Música ambiental.

Trabalha-se: Execução e expressão de qualidades e possibilidades do mundo sonoro.

Descrição

Esta atividade requer concentração e muita imaginação da parte das crianças. Além disso, elas conhecerão melhor seu corpo e aprenderão novas possibilidades de comunicação, com formas novas de realizar sons, seja por invenção própria ou através da imitação dos sons criados por seus companheiros ou pelo educador.

Desenvolvimento do jogo

O jogo começa com a apresentação do planeta Bocamarte e seus habitantes, os marcianos verdes, que se comunicam de uma forma muito divertida.

As crianças devem inventar os sons e os trejeitos que estes protagonistas produzem com suas bocas ao rir, ao chorar, tossir, expirar, lamentar-se, assobiar, bocejar etc. Enquanto realizam os gestos e os sons pode haver música ambiente na sala.

Outras aplicações

Para que as crianças se divirtam ainda mais e conheçam outras possibilidades, nós as ensinaremos a fazer alguns ruídos que igualmente desconhecem: bater com as mãos as bochechas cheias de ar, fazer barulho com um dedo dentro da boca, soprar através de um tubo ou cartucho de papel etc.

174 Sebastião não para

EXPRESSÃO ARTÍSTICA

Objetivo: Representar diferentes estados de ânimo e movimentos corporais.

Material: Cadeiras, mesas e um banco.

Trabalha-se: Expressão e manifestação corporal.

Descrição

Neste jogo simbólico a criança deve representar sequências de comportamentos de um personagem imaginário, seguindo o fio condutor de um relato, representando corporalmente a obra que ouve.

Desenvolvimento do jogo

A primeira coisa a fazer é dispor os móveis da sala de forma diferente do habitual.

Em seguida contamos a história de Sebastião, uma criança muito ativa, e pedimos às crianças que, à medida que ouvem sua aventura, imitem os movimentos descritos.

"Sebastião era um menino tão ativo que passava o dia inteiro olhando as coisas sem parar, ouvindo todos os ruídos e tocando tudo. Corria de um lado para o outro. Porém, como não parasse em momento algum, quando menos se esperava, ele caía no chão de cansaço e dormia."

Outras aplicações

O educador pode gravar o relato e unir-se ao grupo para encená-lo. Dessa maneira as crianças podem ter uma referência na imitação.

Tabelas por temas e idades

3 anos

N. jogo	Hábitos	Noções espaciais e psicomotricidade	Corpo humano	Propriedades dos objetos	Cores, números e formas	Ciências naturais	Expressão artística
1	•						
2	•						
3	•						
4	•						
5	•						
6	•						
7	•						
8	•						
9	•						
10	•						
11		•					
12		•					
13		•					
14		•					
15		•					
16		•					
17		•					
18		•					
19		•					

N. jogo	Hábitos	Noções espaciais e psicomotricidade	Corpo humano	Propriedades dos objetos	Cores, números e formas	Ciências naturais	Expressão artística
20		•					
21			•				
22			•				
23			•				
24			•				
25			•				
26			•				
27			•				
28				•			
29				•			
30				•			
31				•			
32					•		
33					•		
34					•		
35					•		
36					•		
37					•		
38					•		
39					•		
40					•		
41					•		
42					•		
43						•	
44						•	
45						•	
46						•	

N. jogo	Hábitos	Noções espaciais e psicomotricidade	Corpo humano	Propriedades dos objetos	Cores, números e formas	Ciências naturais	Expressão artística
47						•	
48						•	
49						•	
50						•	
51						•	
52							•
53							•
54							•
55							•
56							•
57							•
58							•

4 anos

N. jogo	Hábitos	Noções espaciais e psicomotricidade	Corpo humano	Propriedades dos objetos	Cores, números e formas	Ciências naturais	Expressão artística
59	•						
60	•						
61	•						
62	•						
63	•						
64	•						
65	•						

N. jogo	Hábitos	Noções espaciais e psicomotricidade	Corpo humano	Propriedades dos objetos	Cores, números e formas	Ciências naturais	Expressão artística
66	•						
67		•					
68		•					
69		•					
70		•					
71		•					
72		•					
73		•					
74		•					
75		•					
76			•				
77			•				
78			•				
79			•				
80			•				
81			•				
82			•				
83			•				
84			•				
85				•			
86				•			
87				•			
88				•			
89				•			
90				•			
91				•			
92					•		

N. jogo	Hábitos	Noções espaciais e psicomotricidade	Corpo humano	Propriedades dos objetos	Cores, números e formas	Ciências naturais	Expressão artística
93					•		
94					•		
95					•		
96					•		
97					•		
98					•		
99					•		
100					•		
101					•		
102						•	
103						•	
104						•	
105						•	
106						•	
107						•	
108						•	
109						•	
110						•	
111							•
112							•
113							•
114							•
115							•
116							•

5 anos

N. jogo	Hábitos	Noções espaciais e psicomotricidade	Corpo humano	Propriedades dos objetos	Cores, números e formas	Ciências naturais	Expressão artística
117	•						
118	•						
119	•						
120	•						
121	•						
122		•					
123		•					
124		•					
125		•					
126		•					
127		•					
128		•					
129		•					
130		•					
131		•					
132		•					
133		•					
134		•					
135		•					
136			•				
137			•				
138			•				
139			•				
140			•				
141			•				

N. jogo	Hábitos	Noções espaciais e psicomotricidade	Corpo humano	Propriedades dos objetos	Cores, números e formas	Ciências naturais	Expressão artística
142				•			
143				•			
144				•			
145				•			
146				•			
147					•		
148					•		
149					•		
150					•		
151					•		
152					•		
153					•		
154					•		
155					•		
156					•		
157					•		
158					•		
159					•		
160						•	
161						•	
162						•	
163						•	
164						•	
165						•	
166						•	
167							•
168							•

N. jogo	Hábitos	Noções espaciais e psicomotricidade	Corpo humano	Propriedades dos objetos	Cores, números e formas	Ciências naturais	Expressão artística
169							•
170							•
171							•
172							•
173							•
174							•

A educação pode mudar a sociedade?

Michael W. Apple

Apesar das grandes diferenças políticas e ideológicas em relação ao papel da educação na produção da desigualdade, há um elemento comum partilhado tanto por professores quanto por liberais: A educação pode e deve fazer algo pela sociedade, restaurar o que está sendo perdido ou alterar radicalmente o que existe?

A questão foi colocada de forma mais sucinta pelo educador radical George Counts em 1932, quando perguntou: "A escola ousaria construir uma nova ordem social?", desafiando gerações inteiras de educadores a participar, ou, de fato, a liderar a reconstrução da sociedade.

Mais de 70 anos depois, o celebrado educador, autor e ativista Michael Apple revisita os trabalhos icônicos de Counts, compara-os às vozes igualmente poderosas de pessoas minorizadas, e, mais uma vez, faz a pergunta aparentemente simples: se a educação realmente tem o poder de mudar a sociedade.

Michael W. Apple é Professor *John Bascom* de Currículo e Instrução e Estudos de Política Educacional na University of Wisconsin, Madison, EUA.

Capoeira e psicomotricidade

Brincando e aprendendo a jogar

Jorge Felipe Columá

Simone Freitas Chaves

A partir da institucionalização da capoeira emergiram pesquisas e obras na busca de resultados, de *performances*, de gestos técnicos e de elementos esportivos; foram apresentadas novas teorias sobre sua genealogia, seu percurso histórico e o perfil de seus mais renomados mestres. Esse livro, porém, pretende contribuir para uma abordagem educacional, lúdica e adequada à sua aplicabilidade nas diferentes etapas do desenvolvimento infantil.

A capoeira é um importante instrumento educacional que vem contribuindo para a formação de cidadãos pelo mundo afora. Citada nos Parâmetros Curriculares para o Ensino de Educação Física no Brasil, junto a outras manifestações da cultura corporal de movimentos, ela se faz presente em escolas como disciplina curricular e em aulas de contraturno. Também é comum encontrarmos a capoeira em programas esportivos, projetos sociais e até mesmo no auxílio em terapias holísticas.

Essa obra nasceu da necessidade de caminharmos na direção do ensino da capoeira, com seus pressupostos teórico-pedagógicos e sua dimensão lúdica – sobretudo na aplicação com crianças –, como também pela sua importância e representatividade em todo o mundo. As atividades propostas nesse livro são úteis a capoeiristas, professores de Educação Física e educadores em geral que se apoiam no lúdico, no sensível e no movimento humano para a difusão desta arte brasileira.

Jorge Felipe Columá é mestre de capoeira com pós-doutorado em Artes e doutor em Educação Física e Cultura. É especialista em treinamento desportivo (UGF), coordenador do Centro Interamericano de Artes Marciais (Faetec), coordenador pedagógico (Team Nogueira / Instituto Irmãos Nogueira). Também é docente das disciplinas: Práticas Pedagógicas e Lutas (Unisuam) e professor de Capoeira.

Simone Freitas Chaves é doutora em Educação Física e Cultura (UGF), especialista em Pedagogia da Cooperação e em Psicomotricidade. É docente na Escola de Educação Física (EEFD) na UFRJ.